杭州优秀传统文化丛书

Hangzhou Youxiu Chuantong Wenhua Congshu

天生创造派

张奕阳——著

杭州出版社

图书在版编目（CIP）数据

天生创造派 / 张奕阳著 . -- 杭州 : 杭州出版社，
2021.12
（杭州优秀传统文化丛书）
ISBN 978-7-5565-1585-1

Ⅰ . ①天… Ⅱ . ①张… Ⅲ . ①科学家－生平事迹－杭
州 Ⅳ . ① K826.1

中国版本图书馆 CIP 数据核字（2021）第 220033 号

Tiansheng Chuangzao Pai

天生创造派

张奕阳　著

责任编辑	王　凯　胡　清	
装帧设计	章雨洁	
美术编辑	祁睿一	
责任校对	魏红艳	
责任印务	姚　霖	
出版发行	杭州出版社（杭州市西湖文化广场32号6楼）	
	电话：0571-87997719　邮编：310014	
	网址：www.hzcbs.com	
排　　版	浙江时代出版服务有限公司	
印　　刷	天津画中画印刷有限公司	
经　　销	新华书店	
开　　本	710 mm × 1000 mm　1/16	
印　　张	15	
字　　数	184千	
版 印 次	2021年12月第1版　2021年12月第1次印刷	
书　　号	ISBN 978-7-5565-1585-1	
定　　价	58.00元	

序　言

文化是城市最高和最终的价值

我们所居住的城市，不仅是人类文明的成果，也是人们日常生活的家园。各个时期的文化遗产像一部部史书，记录着城市的沧桑岁月。唯有保留下这些具有特殊意义的文化遗产，才能使我们今后的文化创造具有不间断的基础支撑，也才能使我们今天和未来的生活更美好。

对于中华文明的认知，我们还处在一个不断提升认识的过程中。

过去，人们把中华文化理解成"黄河文化""黄土地文化"。随着考古新发现和学界对中华文明起源研究的深入，人们发现，除了黄河文化之外，长江文化也是中华文化的重要源头。杭州是中国七大古都之一，也是七大古都中最南方的历史文化名城。杭州历时四年，出版一套"杭州优秀传统文化丛书"，挖掘和传播位于长江流域、中国最南方的古都文化经典，这是弘扬中华优秀传统文化的善举。通过图书这一载体，人们能够静静地品味古代流传下来的丰富文化，完善自己对山水、遗迹、书画、辞章、工艺、风俗、名人等文化类型的认知。读过相关的书后，再走进博物馆或观赏文化景观，看到的历史遗存，将是另一番面貌。

I

过去一直有人在质疑，中国只有三千年文明，何谈五千年文明史？事实上，我们的考古学家和历史学者一直在努力，不断发掘的有如满天星斗般的考古成果，实证了五千年文明。从东北的辽河流域到黄河、长江流域，特别是杭州良渚古城遗址以4300—5300年的历史，以夯土高台、合围城墙以及规模宏大的水利工程等史前遗迹的发现，系统实证了古国的概念和文明的诞生，使世人确信：这里是古代国家的起源，是重要的文明发祥地。我以前从来不发微博，发的第一篇微博，就是关于良渚古城遗址的内容，喜获很高的关注度。

我一直关注各地对文化遗产的保护情况。第一次去良渚遗址时，当时正在开展考古遗址保护规划的制订，遇到的最大难题是遗址区域内有很多乡镇企业和临时建筑，环境保护问题十分突出。后来再去良渚遗址，让我感到一次次震撼：那些"压"在遗址上面的单位和建筑物相继被迁移和清理，良渚遗址成为一座国家级考古遗址公园，成为让参观者流连忘返的地方，把深埋在地下的考古遗址用生动形象的"语言"展示出来，成为让普通观众能够看懂、让青少年学生也能喜欢上的中华文明圣地。当年杭州提出西湖申报世界文化遗产时，我认为是一项需要付出极大努力才能完成的任务。西湖位于蓬勃发展的大城市核心区域，西湖的特色是"三面云山一面城"，三面云山内不能出现任何侵害西湖文化景观的新建筑，做得到吗？十年申遗路，杭州市付出了极大的努力，今天无论是漫步苏堤、白堤，还是荡舟西湖里，都看不到任何一座不和谐的建筑，杭州做到了，西湖成功了。伴随着西湖申报世界文化遗产，杭州城市发展也坚定不移地从"西湖时代"迈向了"钱塘江时代"，气势磅礴地建起了杭州新城。

从文化景观到历史街区，从文物古迹到地方民居，众多文化遗产都是形成一座城市记忆的历史物证，也是一座城市文化价值的体现。杭州为了把地方传统文化这个大概念，变成一个社会民众易于掌握的清晰认识，将这套丛书概括为城史文化、山水文化、遗迹文化、辞章文化、艺术文化、工艺文化、风俗文化、起居文化、名人文化和思想文化十个系列。尽管这种概括还有可以探讨的地方，但也可以看作是一种务实之举，使市民百姓对地域文化的理解，有一个清晰完整、好读好记的载体。

传统文化和文化传统不是一个概念。传统文化背后蕴含的那些精神价值，才是文化传统。文化传统需要经过学者的研究提炼，将具有传承意义的传统文化提炼成文化传统。杭州在对丛书作者写作作了种种古为今用、古今观照的探讨交流的同时，还专门增加了"思想文化系列"，从杭州古代的商业理念、中医思想、教育观念、科技精神等方面，集中挖掘提炼产生于杭州古城历史中灵魂性的文化精粹。这样的安排，是对传统文化内容把握和传播方式的理性思考。

继承传统文化，有一个继承什么和怎样继承的问题。传统文化是百年乃至千年以前的历史遗存，这些遗存的价值，有的已经被现代社会抛弃，也有的需要在新的历史条件下适当转化，唯有把传统文化中这些永恒的基本价值继承下来，才能构成当代社会的文化基石和精神营养。这套丛书定位在"优秀传统文化"上，显然是注意到了这个问题的重要性。在尊重作者写作风格、梳理和讲好"杭州故事"的同时，通过系列专家组、文艺评论组、综合评审组和编辑部、编委会多层面研读，和作者虚心交流，努力去粗取精，古为今用，这种对文化建设工作的敬畏和温情，值得推崇。

人民群众才是传统文化的真正主人。百年以来，中华传统文化受到过几次大的冲击。弘扬优秀传统文化，需要文化人士投身其中，但唯有让大众乐于接受传统文化，文化人士的所有努力才有最终价值。有人说我爱讲"段子"，其实我是在讲故事，希望用生动的语言争取听众。今天我们更重要的使命，是把历史文化前世今生的故事讲给大家听，告诉人们古代文化与现实生活的关系。这套丛书为了达到"轻阅读、易传播"的效果，一改以文史专家为主作为写作团队的习惯做法，邀请省内外作家担任主创团队，组织文史专家、文艺评论家协助把关建言，用历史故事带出传统文化，以细腻的对话和情节蕴含文化传统，辅以音视频等其他传播方式，不失为让传统文化走进千家万户的有益尝试。

中华文化是建立于不同区域文化特质基础之上的。作为中国的文化古都，杭州文化传统中有很多中华文化的典型特征，例如，中国人的自然观主张"天人合一"，相信"人与天地万物为一体"。在古代杭州老百姓的认知里，由于生活在自然天成的山水美景中，由于风调雨顺带来了富庶江南，勤于劳作又使杭州人得以"有闲"，人们较早对自然生态有了独特的敬畏和珍爱的态度。他们爱惜自然之力，善于农作物轮作，注意让生产资料休养生息；珍惜生态之力，精于探索自然天成的生活方式，在烹饪、茶饮、中医、养生等方面做到了天人相通；怜惜劳作之力，长于边劳动，边休闲娱乐和进行民俗、艺术创作，做到生产和生活的和谐统一。如果说"天人合一"是古代思想家们的哲学信仰，那么"亲近山水，讲求品赏"，应该是古代杭州人的生动实践，并成为影响后世的生活理念。

　　再如，中华文化的另一个特点是不远征、不排外，这体现了它的包容性。儒学对佛学的包容态度也说明了这一点，对来自远方的思想能够宽容接纳。在我们国家的东西南北甚至是偏远地区，老百姓的好客和包容也司空见惯，对异风异俗有一种欣赏的态度。杭州自古以来气候温润、山水秀美的自然条件，以及交通便利、商贾云集的经济优势，使其成为一个人口流动频繁的城市。历史上经历的"永嘉之乱，衣冠南渡"，"安史之乱，流民南移"，特别是"靖康之变，宋廷南迁"，这三次北方人口大迁移，使杭州人对外来文化的包容度较高。自古以来，吴越文化、南宋文化和北方移民文化的浸润，特别是唐宋以后各地商人、各大商帮在杭州的聚集和活动，给杭州商业文化的发展提供了丰富营养，使杭州人既留恋杭州的好山好水，又能用一种相对超脱的眼光，关注和包容家乡之外的社会万象。这种古都文化，也代表了中华文化的包容性特征。

　　城市文化保护与城市对外开放并不矛盾，反而相辅相成。古今中外的城市，凡是能够吸引人们关注的，都得益于与其他文化的碰撞和交流。现代城市要在对外交往的发展中，进行长期和持久的文化再造，并在再造中创造新的文化。杭州这套丛书，在尽数杭州各色传统文化经典时，有心安排了"古代杭州与国内城市的交往""古代杭州和国外城市的交往"两个选题，一个自古开放的城市形象，就在其中。

"杭州优秀传统文化丛书"在传统和现代的结合上，想了很多办法，做了很多努力，他们知道传统文化丛书要得到广大读者接受，不是件简单的事。我们已经走在现代化的路上，传统和现代的融合，不容易做好，需要扎扎实实地做，也需要非凡的创造力。因为，文化是城市功能的最高价值，也是城市功能的最终价值。从"功能城市"走向"文化城市"，就是这种质的飞跃的核心理念与终极目标。

2020 年 9 月

（单霁翔，中国文物学会会长）

西湖图（局部）

目 录

第五章

纲举目张，打造医书编撰的新模式

第六章

用"脑力"解放"体力"的农民发明家

第七章

最早开眼看世界的杭州人

第八章

多管齐下，将治河进行到底

第九章

智勇双全，爱玩"火"的军械制造大师

第十章

贴膏药，做理疗，得找准这位名医

第一章

化土木为神奇，
造塔大师的传奇人生

国朝以来木工，一人而已。

——欧阳修《归田录》

一、木匠学霸养成记

这是一年中最寒冷的季节，久下不止的雨，浇得整个人都哆嗦起来，连手指都使不上劲。

五代末期的吴越都城里，木匠师傅老喻正在赶制年前的最后一件家具。他身着粗布棉袄，袖口处是缝了又逢的补丁，针线倒是细巧，如果不细瞧，都看不出来是反复补过的。

他哈了一口热气在手里搓了搓，又继续干活了。

虽说是住在繁华的杭州，但老喻家甚是贫寒，仅靠着他的一门手艺，维持着家里的吃穿用度。自从妻子怀孕后，老喻身上的担子更重了，天天起早贪黑，人也瘦了整整一圈。好在街坊邻居格外照顾生意，时不时地请老喻帮忙做个桌椅床柜，生意比往年好了许多。这个新生命的到来，真让人期待！

喻皓，就出生在这样一个勤劳朴实的木匠家里。这一日清晨，太阳光洒满了大地，"哇——"，随着一声洪亮的啼哭声，一个大胖小子呱呱坠地，遂取名为"皓"，有光明之意，亦表达了全家对这个小生命的期许。

喻皓，人如其名，确实没有辜负这份期许。

老喻早就察觉到儿子对木工活很感兴趣。刚会走路，喻皓就喜欢围着干活的父亲团团转，一会儿用小手拿起木块挥舞几下，过一会儿又摇摇晃晃地一屁股坐在地上，仔细地观察父亲干活。

老喻看着儿子喜欢木工活，甚是欣慰，觉得后继有人了，但转念一想，又纠结了起来。他看了一眼自己满是老茧的双手，想起学这行的辛酸苦楚，轻轻地叹了一口气。还是算了，这行着实太辛苦，娃还这么小，将来的路以后再说吧。

但这个想法很快就改变了。这一天，才五六岁的喻皓抱着一把小木凳走了过来，奶声奶气地问道："爹爹，我这把凳子摇摇晃晃的，要怎么做才能让它变牢固呢？"老喻突然明白，这个孩子不仅有好奇心，还善于观察思考，绝对是个学木工活的好苗子，自己这一身的手艺不传给儿子岂不是浪费了？况且，木工活虽然辛苦，但至少是一门可以傍身的手艺，养家糊口总没有问题，凭这孩子的天赋说不定还能成就一番事业呢！老喻决定将自己毕生所学倾囊相授，希望能将这项手艺传给下一代。

从那以后，老喻不管去哪里干活都会带上这个小跟班，喻皓起初只是帮忙搬木料、递工具，闲着的时候就在一旁目不转睛地观察着，既不插嘴，也不开小差。在回家的路上，喻皓常常会提出一两个小问题，老喻也都会点拨一二。几年后，老喻开始教他如何分辨木料、制作工具，每天完工后就会拿出担子里各式各样的刀、凿、锯、锉，一一向喻皓介绍它们的不同用途，手把手教他如何使用这些宝贝。

喻皓对这些形状各异的工具很感兴趣，一有空闲就拿在手中不停地捣鼓，没过多久就基本掌握了这些工具的使用方法。老喻见其学习速度比自己当年有过之而无不及，更是坚定了要将儿子培养成才的决心。等喻皓掌握了基本工具的使用要领，老喻开始教他制作一些简单的家具，凳子、桌子、椅子、柜子……喻皓每学做一样家具，都会暗自记住各个细节——选用的木料特点、画线的要领、工具的使用方法、制作的诀窍等等。此外，制作完成后他还会反复检查，比如晃一晃凳子看看是否稳当，摸一摸桌子看看是否平整，摇一摇柜门看看是否牢固……一旦发现问题，喻皓定是要刨根问底，弄清楚问题的根源，寻求解决之法。不仅如此，喻皓还会在父亲传授的基础上进行创新，今日刚学会了做方凳，明日就想尝试着做一张方桌，乐此不疲，丝毫不觉得辛劳。

正是经过这样近似执拗的模仿学习和举一反三的创新探索，很快，喻皓制作的家具就几乎与父亲的不分高下了，其学习能力之强，着实让人佩服。

一日，老喻将儿子叫到身边，递给他一根崭新的扁担。

"皓儿，你的手艺已经可以出师了，从今以后你就可以独自出门干活了。但你必须牢记，木工活讲究的是仔细认真，错一步就会前功尽弃，务必要小心谨慎。这根扁担可以用来挑些工具，你可要好好看管！"

喻皓郑重其事地接过了扁担，暗自发誓绝不辜负父亲的一番教诲。喻皓凭借着自己精湛的手艺，他很快就远近闻名了。

造舍之法谓之木经或云喻皓所撰凡屋有
三分矧自梁以上为上分地以上为中分
阶为下分凡梁长几何则配极几何以为
榱等如梁长八尺配极三尺五寸则配极堂
法也此谓之上分楣若干尺则配堂基若
干尺以为榱等若檩一丈一尺则阶基四

尺五寸之类以至承拱榱桷皆有定法谓
之中分阶级有峻平慢三等宫中则以御
辇为法凡自下而登前辇垂尽展蹙后辇
尽臂为峻道前辇平肘后辇平肩为慢道
前辇平肘后辇平肩为平道此之谓三分其书三卷近
岁土木之工益为严善旧木经多不用未
有人重为之亦良工之一业也

梦溪笔谈卷十八

三

沈括《梦溪笔谈》中关于喻皓的记载

一日，县城的某个大户人家点名请喻皓来设计、制作新家具。喻皓跟随管家前去，一路上看到了很多平时见不到的风景，有精美绝伦的木制宝塔，也有年久失修的老旧木屋，喻皓被这些造型各异的木制建筑深深地吸引了。

一回到家，喻皓就赶忙向父亲讲述了自己在路上的所见之景，表明了自己希望学习如何建造木制建筑的心愿。老喻听罢，笑着摇了摇头，说："皓儿，在我们木匠行业里，习惯分为'大木'和'小木'，木制家具属于'小木'，而木制建筑则属于'大木'。这两者虽然都是用木材制成的，但需要掌握的技艺并不相同，是需要重新学习的。"老喻本想打消儿子学习"大木"的念头，但喻皓却不依不饶，三番五次地央求父亲，老喻拗不过，只能领着他去拜见了一位深耕于"大木"技艺的老友，开启了一段新的学艺之路。

从那以后，喻皓将主要精力从家具制作转移到楼阁厅堂的设计施工上，从"小木"转移到了"大木"，但他那股子刻苦钻研的精神却一直未变。虽说"大木"与"小木"有所差别，但毕竟同属于木工领域，还是有一定的相通之处。凭借着以往扎实的基本功和灵活的头脑，喻皓很快就在学徒中崭露头角，并掌握了重要的"墨斗"技能。所谓"墨斗"技能，即指在建造房子之初，利用墨斗测量房屋，并确定需要制作的各部件的形状、尺寸、规格等。一个好木工不仅需要掌握墨斗的使用技能，更需要具备高屋建瓴的规划能力。除了跟着师傅勤学苦练，喻皓还是生活的有心人：每见到一处别致的建筑，总会仔细观察其特点，分析其独特的制作技巧；遇到相似的建筑，他还会比较两者的优缺点，探究其设计背后的原因，并改进自己的设计思路。

日积月累，才二十多岁的年纪，喻皓便能独自设计大型建筑，并指导工人施工，成了名副其实的都料匠。

二、秘密看塔，一语道破"天机"

乾德二年（964），吴越国王钱俶命人重建位于杭州的梵天寺木塔，一位造塔师傅以为有利可图，自告奋勇，承建了此项大工程。

钱俶很重视此塔的建造进度，才造到两三级时就前来视察。造塔师傅作为都料匠也陪同参观，一边走一边介绍自己的设计亮点，颇得钱俶认可。随即众人欲登塔参观，不料意外发生了。刚踏上第三层的时候，塔身便出现了晃动，吓得侍从赶紧请钱俶下塔，众人皆心有余悸。这位造塔师傅更是心惊胆战，面如土色。

"为何塔身会出现摇晃？"钱俶责问道。

"大王，木塔还没有铺瓦片，导致塔顶重量还不够，所以才会出现摇晃。"木匠战战兢兢地回答。

"那就速将瓦片铺上，若塔身再摇晃，必不轻饶。"钱俶命令道。

造塔师傅赶紧召集工人日以继夜地铺瓦，待瓦布满，他先行登塔视察，却发现塔身仍有摇晃，深知情况不妙，连夜召集工人一起商议对策。

"深夜打扰，实在是事出紧急。木塔上的瓦片已经全部铺好，但是走到第三层时，塔身仍有晃动。大王不日便会前来视察，恳请大家一起想想对策。"造塔师傅神色慌张地说道，有些后悔接下了这项工程。

"塔身不稳这麻烦可就大了，这可如何是好？"

"是啊，这瓦也铺了，我以前造的塔都不曾出现过这样的怪事。"

……

大家你一言我一语，却都无计可施。

"要不去请教一下喻师傅吧，说不准能有办法。"一位年纪稍长的工人提议。

"对啊，喻师傅对楼阁厅堂这些建筑都很熟悉，一定有办法。"另一位木工附和道。

喻皓到底愿不愿意帮这个忙？这位造塔师傅很没有把握。

　　无可奈何之下，他决定请自己的妻子出面拜访。他的妻子听罢事情的来龙去脉，即刻动身，第二天便到了喻皓家。她轻叩门扉，低声问道："请问这里是喻师傅家吗？"

　　不一会儿，木门打开了，只见一位女子穿着朴素，笑脸盈盈，想必就是喻皓的妻子了。喻皓妻子听她简单说明来意，便忙请她进屋，倒上茶水。

　　"您慢慢说，路上一定累了，先喝口茶！"

　　"唉，这事本不应该我来，可我丈夫这几日一直在忙着造塔，实在是抽不出身，也担心喻师傅不愿帮忙，所以才让我来求您的。家里没啥值钱的东西，这个金钗您可一定要收下啊！"说罢，便拿出层层包裹着的金钗递给喻皓的妻子。

　　"这可万万使不得，能帮忙我们一定会帮忙的。您先不要着急，先跟我说说到底是发生了什么事情。"

　　"说来话长，早知道能力不足，当初就不应该如此信誓旦旦接下造这木塔的活……事情大致就是这样，官府来人说要是塔再摇晃，定是要狠狠责罚的！您可一定要帮帮我们。"她边哭边诉说着。

　　"您别着急，一定会有办法解决的，我这就让孩子去喊她爹回来。"喻皓妻子轻轻拍着她的肩膀安慰道。

　　"木塔造到哪步了？"未见其人便闻其声，喻皓行色匆匆，大踏步地走了进来。

　　"前几日刚铺上瓦。"

喻皓似乎也被难住了，瓦都铺上了，重量上应该是没问题了，到底是哪里出错了呢？

"那木板是怎样铺的？"喻皓追问道。

"临时铺的，也还没加固。主要也是为了大王参观，时间紧，没办法。"

原来如此！喻皓顿时明白了其中的问题。

"前些日子就听闻梵天寺在重建木塔，我便悄悄去观察过，这塔平截面呈方形，本身就不是一个非常稳定的结构。你刚才又说这些木板都是临时铺的，没有加固，那这个木塔结构就十分松散，势必导致塔前后、左右的拉力不均衡，层数越高，就越容易摇晃。"喻皓解释道。

"来，你们看这里。这个大厨骨架，我还只搭了框架，每一层的木板还没有装。"说罢，喻皓用手轻轻一推，架子就摇晃起来，"现在这个木塔其实和这个架子一样，虽说是铺了木板和瓦片，增加了重量，但是依旧是一个松散的结构，所以会摇晃也就不奇怪了。"

"那该如何是好啊？"造塔师傅的妻子有些焦急。

"您别着急，有一个办法不妨试试，应该能奏效。"喻皓一边说，一边搬出了一个大箱子，"您看，这塔要是能和这个箱子一样，前后、左右、上下全部都用木板封牢，就不会摇晃啦。回去让工人们赶紧把板壁和地板全部用钉子钉牢，每一面都成为一个整体，让每一层都成为这样一个大箱子，这木塔就不会晃动了。"

"您是说，只要用钉子把木板都钉牢，塔就不晃啦？"

"没错，因为之前的木板都是临时铺上去的，看似平整，实则是一团散沙。当每块板都被钉在一起时，板子受到拉力后，也不会将力量集中于一点，而是会被分散掉，加之上下和四周板面紧密相束，互相支撑，塔就稳固如山了。"喻皓耐心地说道。

造塔师傅的妻子听到这，满面的愁容才渐渐褪去，激动得连连施礼感谢："喻师傅，您果然是名不虚传啊，真是木匠界的能人！真的太感谢您啦！我这就回去告诉他们这个好消息！"

果不其然，喻皓的建议的确奏效。伴随着这座梵天寺木塔的顺利竣工，喻皓的名望也更盛了。

三、"一举中标"，但总建筑师并不好当

一传十，十传百，喻皓的名声一直传到了东京（今河南开封）。太平兴国七年（982），宋太宗准备在京城建造一座木塔，用来供奉和保存吴越国进贡的佛骨舍利。由于木塔的建造位置选在开宝寺福胜院内，因而取名为开宝寺木塔。太常寺广召天下能工巧匠建造木塔，喻皓自然也在征召之列。

这开宝寺木塔的建造要求非同寻常，既要求仿制天宫之塔，外观宏伟华丽，又要求能够登高望远，穷极千里无所遮蔽。这要是砖塔、石塔或许还不足为奇，但要求是针对木塔的，难度系数之大可就前所未有了。造塔师傅们纷纷按照要求设计图稿模型。

很快，造塔师傅们便争先恐后地呈上了各式各样的设计图纸，有设计方形木塔的，有设计六角木塔的，也有设计八角木塔的；有注重实用稳固的，也有注重外观

华丽的，实在是让人眼花缭乱。唯独喻皓不紧不慢，迟迟未见动静。

原来，喻皓为了让设计方案更加精确、直观，在家精心制作了一个缩小版的木塔模型。他最后一个出场，将模型缓缓呈上，皇上及在座的大臣们无不赞叹。毫无悬念，喻皓凭借设计新颖的八角十三层宝塔模型成功中标，成为了开宝寺木塔的总建筑师。

身担重任更应小心谨慎，喻皓始终记得父亲的教诲，听到诏令便立刻带领工人们赶往施工现场，勘察地形。就在喻皓夜以继日地测绘之时，喻皓的老友郭忠恕突然匆匆来访。郭忠恕本是一位画家，但平时也喜欢钻研些亭台楼阁的建筑设计，碰巧看到了喻皓制作的木塔模型，觉得甚是有趣，自己便也饶有兴致地制作了一个。做着做着，却发现了其中存在的问题，于是急忙前来拜访。

"喻兄，您这木塔模型最好再检查一下。我前几日按照你的模型仿制了一个木塔。从底层一级一级地往上计算，到了最上面的一层，多了一尺五寸没法收尾。"郭忠恕直言道。

"肯定是你错了，这个模型我可是设计了好几天的，比例高度都是我亲自计算的，绝不会错的。"喻皓自信满满地笑道。

喻皓虽然嘴上这么说着，但心里还是不禁慌了一下。虽说自己对建造木塔很有经验，但还是头一次建造如此之高的木塔，万一真的算错了，那可就出大事了。况且郭先生也是通晓建筑设计的，这要是真的……

喻皓越想越担心，决定拿尺子把模型再量一遍。"一级，二级，三级，……十二级，十三级，"喻皓心里默数着，"大事不好，真的算错了。"喻皓真是又懊恼又羞愧，连夜修正了模型。又仔细检验了一番，确保无虞后才松了一口气。此时已是夜半，喻皓终于可以休息了，但他一想到自己错怪了郭先生，还是满心愧疚，辗转难眠。

于是，第二天黎明时分，喻皓便候在了郭先生的家门口，轻叩门扉，长跪以谢。

幸亏问题发现得及时，才避免了更大的错误。但这也给喻皓敲响了警钟——这总建筑师可不好当，往后的工作得更加小心谨慎，越是熟悉的地方，越是马虎不得。

四、吹之当正的"斜塔"

这中原腹地，喻皓也是头一次来，土壤、气候都与江南相差甚远。此时正值冬末，一马平川的北方大地，西北风格外猛烈，不断地卷起沙尘、落叶，刮得脸生疼。好在测绘工作已经基本完成，就等着来年春日破土动工了。

喻皓被凛冽的寒风裹挟着，跌跌撞撞地推开了房门，准备回屋休整几日。"哗啦"一声，只见摆放在书桌前的宝塔模型顷刻倒下，喻皓慌忙关上房门，堵住了呼啸的狂风。随即弯腰拾起跌散了架的模型，心疼地数着散落的木片，慢慢地放回桌上。

修复到一半的时候，他突然呆呆地望向窗外，若有所思。"这里的狂风着实猛烈，吹落模型事小，但若吹倒了宝塔，这事就大了。"他站起身，打开了迎风一侧的窗户，迎着风，感受它的猖狂、它的肆虐，人也不禁被风吹得往后退了几步。

"不行，我得想个法子，这地方本来就土质松软，且木塔没石塔重，要是抗不了这大风，塔建得再华丽也是白费功夫，很快要倒塌的。"喻皓自言自语道，身体不自觉地迎着大风往前倾，人才勉强站稳脚跟。就这样，风大的时候，喻皓就向前倾斜，佝偻着身子，风小些的时候，就像往常一样直起身子。反反复复好几次后，他紧锁的眉头渐渐舒展了。

"有办法了！要是木塔也能像我一样迎着风稍稍倾斜，岂不是更加稳定？"说干就干，喻皓找来一块倾斜的木板放在模型下方，使整座木塔朝西北方向倾斜，然后打开门窗，仔细地观察模型的摇晃情况。一阵狂风吹过，塔身虽微微晃动，但并未倒下，看来这方法的确有效果。

欧阳修《欧阳文忠公集·归田录》中关于喻皓的记载

于是，喻皓连夜设计了新的设计图纸，并修改了原来的模型，从底层开始，每往上一层，就向西北方向略微移动一些，使得整座塔既能在平日里稳固如山，又能在冬末初春之时抗得住西北风。

很快春天就来了，木料进场，工匠们都干得热火朝天。喻皓作为总建筑师也没有一刻闲下来，像个不停旋转的陀螺一样一直工作在一线。他一会儿和工人们一起搬运木料，一会儿指导工人们搭架子，一会儿又拿出图纸反复校对尺寸，忙得不亦乐乎。

工人们也爱和这位平易近人的建筑师聊天，哪里可能有问题，哪里建造有难度，他们都第一时间汇报，提出自己的意见，喻皓也都会一一记录下来，仔细思考，及时修正，建造过程十分高效！

重中之重的地基部分终于完工了，要开始造塔了。

每建一层，喻皓都要外设帷帘，测量重心，核算斜度，反复检查演算。对于每个卯眼相接处，更是亲自检查，格外仔细，丝毫不敢含糊。如果遇到梁柱对不上，喻皓就会亲自上阵，绕着柱子来回观察，持槌撞击数十下后，就全部对准契合、牢固稳定。工人们看在眼里，对喻皓的技艺深感佩服，干活也比往日更卖力了，仅仅一个月，一层便建好了。

一日，太常寺的督察官前来视察，远远地看着木塔，发现有些倾斜，以为是自己老眼昏花，便若无其事地走进塔内参观。待到视察工作结束，喻皓才缓缓地问道："不知您是否观察到这木塔稍有倾斜之势？"这一问可着实把督察官吓了一跳，刚才看到的原来是真的，他赶紧往后退了几步，抬头定睛一看严厉地说道："这塔果真是倾斜的？这……这也太危险了，陛下定会责罚的，你必须马上重建。"

"您放心，这个方案是经过反复演算的，为的就是让塔身更加稳固。您看，若是将木塔竖直建造，在这种常起大风的时节，刮一阵子猛烈的西北风，加之土质松软，木塔是撑不了多少年的。"话说着就起风了，督察官不禁踉踉跄跄地往后退了几步，差点摔在地上。

喻皓上前一把扶住，又继续解释道："我这塔是往西北方向倾斜的，正好能够平衡风力，再考虑到地基松软易下沉等因素，吹之不到百年当正，换句话说就是——这木塔呀，一百年都不会倒。"

"说得也有些道理，但我必须立即向陛下汇报，你得跟我走一趟。"督察官态度有所缓和。

大殿之上，喻皓从容不迫，解释得有理有据，科学严谨，文武百官们听得心服口服，纷纷赞叹，宋太宗也下令调集力量，加快造塔进程，这必将成为一座永载史册的宝塔。

终于，宋太宗端拱二年（989），建造历时八年之久的开宝寺木塔正式竣工，塔高三百六十尺，为京师塔中之最。木塔的底层可以用来供奉佛骨舍利子，底层以上用以安放数以万计的佛像，金碧辉煌。宋太宗亲率文武百官，参观木塔，无不赞叹其宏伟壮观，当时曾怀疑过喻皓的官员也都对他的技艺刮目相看。

这件事很快就轰动了京城，全城的百姓纷纷前往参观，想要一睹"斜塔"的真容，喻皓也因此塔成为家喻户晓的大人物。

五、著书立说为后世

喻皓造塔有功，宋太宗照例论功行赏，赐其官职。可喻皓不愿在京为官，只求允许参观京城各类建筑。得到允诺后，喻皓走走停停，每遇到未曾见到过的建筑，都会拿纸笔描摹下来，仔细观察研究。

一日，他来到了相国寺的门口，停住了脚步往里瞧。只见两条蜿蜒的长廊伸向庭院深处，两侧是相映成趣的花草与假山，又有亭台楼阁坐落其间，颇为宁静典雅。而长廊尽头便是相国寺的正殿了，气势恢宏，屋顶在夕阳的照射下好像被涂上了一层金粉，熠熠生辉。尤其是那门楼上精心设计的卷檐，构思巧妙，建造精美，一下子就吸引了喻皓的注意力。

"啊，这卷檐设计我可从未见过啊，到底是怎么做出来的？"喻皓不禁感叹它的鬼斧神工。

从那天起，喻皓每日都要去参观相国寺，一边画一边思考，研究这处卷檐的结构原理，比对它的大小尺寸，研究它的样式纹理，真是越看越喜欢，越看越舍不得走。

"唉，再过一阵子我也得回家了，这些东西可就看不着咯！"喻皓一边叹息着说道，一边踱步走回旅店。

"你听说没？喻神匠最近在京城参观呢，也不知道我们能不能碰上。"

"要是能碰上那就太走运了，我还想向他请教一下这房屋设计呢，我想了半个月了都还没想通。"

"是啊，我还想看看他的手稿呢，他这一路肯定画了不少宝贝。"

两个小木匠一边走一边闲聊着，对话却飘进了喻皓的耳朵里。

"是啊，想当年我父亲教我的时候，很多问题也都不清楚，还是我自己琢磨出来的，要是都能够告诉大家，可以帮大家省去很多功夫。再者，这些精巧的建筑设计，要是能有人记录下来，流传于后世，那么即使日后风吹日晒，这些建筑倾倒了，也能有机会重建，那该多好啊！"

喻皓突然萌生了一个了不得的计划——著书！

喻皓虽然念过一点书，认识一些字，但终究不是文化人，写书这件事更是从来都没有想过。但自从想到能为千千万万的木匠带去一些便利，能为后世保存下这些无与伦比的建筑，他下定决心，一定要完成这本书。

回到杭州后，他白天上工，晚上就专心撰写书稿。他一边整理京城的画稿，一边继续研究木质结构的原理，总结建筑设计的方法、步骤和技巧。为了作出更全面、更系统的解释，他常常废寝忘食，在睡梦中还会双手交叉模拟各种结构，反复研究、思考。

很快，他就将自己几十年的经验汇总了起来，尤其是他特别精通的房屋建造部分，更是将独到的原理技巧毫无保留地分享出来。他将房屋分为上、中、下三个部分，如何根据需求设定梁长和屋顶高度，如何安排斗拱各个构件的比例，如何根据峻、平、慢的不同要求来设计台阶级数和高度，上至屋顶，下至台阶，囊括其中，字字皆精华。

寒来暑往，凝结了喻皓毕生所得的《木经》一书终于诞生了。以木为生，终成经典，这是我国历史上第一部木工手册，它较为全面、系统地阐释了各类楼阁房屋的设计原理和方法技巧，源源不断地滋养着中国的建筑文明。

[人物名片]

喻皓（？—989），又作预浩、预皓、俞皓、喻浩，五代末期吴越国西府（今浙江杭州）人。杭州都料匠，人称"预都料"，是一位有着"国朝第一木工"美誉的著名建筑工匠。擅长建塔，以逐层铺板钉实之法，使杭州梵天寺塔身稳固。宋太宗时期，造开封开宝寺塔，为当时京师最高之塔。且考虑到开封地平无山，且多西北风，所以建造之初塔身略倾西北，这一点极具开拓性。晚年著有中国历史上第一部建筑领域的木工手册——《木经》，共有三卷，是一部极具建筑科学价值的著作，对后世影响深远。

参考文献

1. 沈括：《梦溪笔谈》卷十八《技艺》，侯真平校点，岳麓书社，1998年，第142—153页。

2. 章培恒、安平秋、马樟根主编，李文泽译注：《梦溪笔谈选译》，巴蜀书社，1991年，第114—117页，第122—124页。

3. 周峰主编：《吴越首府杭州》，浙江人民出版社，1997年，第122—134页。

4. 钱加婺改编，来汶阳、付伯星绘画：《优秀连环画精选·喻皓》，连环画出版社，2012年。

5. 徐宏兵：《中国古代劳动人民的创造发明》，少年儿童出版社，1978年，第26—39页。

6. 张捴之、沈起炜、刘德重主编：《中国历代人名大辞典》，上海古籍出版社，1999年，第2301页。

7. 刘阳：《古代杰出工匠喻皓的建筑艺术成就》，《兰台世界》2013年第30期，第145—146页。

8. 牛建忠、王军：《古代杰出工匠喻皓的建筑艺术成就》，《兰台世界》2013年第4期，第81—82页。

9. 喻学才：《工匠精神与国民素质》，《建筑与文化》2016年第10期，第22—26页。

第二章

『胶泥＋火＝？』

载入史册的科技实验

板印书籍，唐人尚未盛为之，自冯瀛王始印五经，已后典籍，皆为板本。庆历中，有布衣毕昇，又为活板。

——沈括《梦溪笔谈》

一、一介布衣，背井离乡入杭州

入秋以后，天气渐渐有了凉意，清晨微风拂面，格外清凉。站在杭州的鼓楼上向西北望去，清河坊内，几个有力的脚夫正拉着载满木料的车子匆匆赶往位于街尾的万卷堂书坊，所载的木料多是梨木、枣木等，用于制成雕刻所需的板材。

又过了一两个时辰，书坊里的人渐渐多了起来，似乎比往日还要热闹。正在后坊伏案刻字的毕昇忍不住放下刻刀，偷偷张望了几眼。

"毕昇，在干嘛？还在偷懒，赶紧刻字，完不成可是要扣工钱的！"坐在屋中央的师傅厉声喝斥道。毕昇吓得立马回过了神，赶紧拿起刻刀，不敢再有丝毫怠慢，埋头苦干起来。他知道这份工作对他来说有多么重要。

今年是庆历元年（1041），也是毕昇从老家来到杭州的第六个年头了。从小，父母省吃俭用供他读书，但终究因家境贫寒而无法继续科举考试。幸运的是，毕昇刻苦勤奋，习得一手好字，欧、柳、褚、颜诸家皆不在话下，深得私塾先生的赞赏。毕昇家境每况愈下，连温饱都成了问题，私塾先生看在眼里，急在心里，决定帮毕昇一把，给他找一条谋生之路。

一次早课后，私塾先生单独留下了毕昇，一边翻阅着他的习作，一边问道："毕昇，你跟着我学了六七年了，是一个很有天赋的孩子，我很欣赏你。尤其是你这一手的书法，端庄圆润，是我教过的学生里写得最好的。我早就听闻杭州是一个富庶之地，那里的刊印行业在业内都是数一数二的，不仅书的种类繁多，而且制作工艺也处于领先水平。前几日，我一位书坊主朋友拜托我物色一名写工，报酬颇丰，我立马就想到了你，不知你是否愿意一试？"

"弟子能承蒙先生厚爱，非常荣幸，愿意前往一试，定不负先生所愿。"毕昇忙作揖答谢道。他心里很清楚，杭州书坊主怎么会千里迢迢来这里找写工？这定是先生特意为自己谋到的一份差事，于是暗暗下定决心，要干出一番天地，日后好好报答先生。

清光绪丁亥（1887）世泽楼木活字印本《丛笔轩遗稿》

眼见毕昇答应了，先生别提多高兴了。"太好了，这实在是太好了，你可是帮了我一个大忙，我这就回信给老友，你也赶紧回家收拾下行李，好好准备准备。"老先生心里的一块大石头终于落下了。

"弟子谢过先生，这就去准备行装。"毕昇深深地鞠了一躬。

从此，杭州变成了毕昇的第二故乡，他的人生也因此有了崭新的篇章。

二、会写一手好字的刻工，梦想有点大

此时此刻，毕昇正在一笔一画认真地雕刻着，不敢再有丝毫怠慢，两只手上的各个关节处早已是满满的老茧。毕昇不禁要感谢师傅刚才的呵斥，不然，这要是刻错一画，有些可以稍后修补，有些则必须重新刻一版，不仅浪费宝贵的时间，更会白白浪费一块上好的版材。

毕昇刚来书坊的时候，本不是做刻工的，而是一名写工。相对来说，写工的工作更加轻松一些。只需要有一定的书法功底，对照范本进行誊抄就可以了。而刻工就没有这么容易了，不仅需要有良好的书法功底，而且还要有扎实的雕刻手艺。一般来说，一本书是由一位刻工来完成的，可以保证字迹的统一性，但是随着雕版印刷行业的迅猛发展，逐渐出现由多名刻工来共同完成一本书的情况。

雕版印刷的第一步——写样，即在誊印纸上将要雕刻的内容写好。第二步，由专人负责校对，检查誊写稿是否有错误，如果有错误，多则重新写样，少则将谬误处挖去，补贴上白纸后再誊写上正确的即可。第三步是

雕刻。先用稀浆糊在表面打磨光滑待雕刻的木板上均匀地刷上薄薄的一层，将誊写稿反贴在上面，称之为刮板上样。等其干燥后，用一套形状、规格各异的刻刀进行雕刻。最后一步就是印刷。将检查无误的雕版固定起来，用清水将印版刷几遍，待其湿润后，再正式刷色覆纸，待纸张晾干后再装订成册，一本运用雕版印刷技术制作的书就此诞生了。

毕昇清楚地记得，那年与私塾先生挥泪相别，曾答应先生要将他的珍贵手稿印刷成册，让更多的人能够读到。转眼，离家已经六年，他也从书坊里的一名普通写工，转而成为一名熟练的刻工，更对整个印刷出版行业有了深入的认识。他不曾后悔五年前的决定——放弃做写工，开始学习雕刻。虽然做一名写工对他来说并不困难，且收入也不错，但他心中一直挂念着完成私塾先生的心愿，而要完成先生的心愿，仅仅做一名写工是远远不够的。

这几年的印刷出版业发展迅猛，官刻在皇帝的谕令下蓬勃发展，普通老百姓也能读到各类经典书籍，而坊肆书商也如雨后春笋般遍布杭州各地。有一个梦想已经在毕昇心中生根发芽——要拥有一家属于自己的刻书铺。他怀揣着梦想，变得更加勤奋努力。天还没有亮，就起床刻书，希望多刻一些，多赚些钱；夜深了，也不舍得放下刻刀，直等到眼皮撑不住了，才匆匆入睡。

一日，师傅突然间得了眼疾，书坊主考虑再三，选了毕昇作为接班人，顶替师傅的位置。送别师傅之时，毕昇才突然发现，师傅又矮了许多，佝偻着身子，眼睛周围布满皱纹，刻书多年的一双手上，深深浅浅的沟壑让人感慨不已。毕昇不禁心疼起来，上前扶住师傅。

"毕昇啊，你来啦！"师傅沙哑着喉咙。

"师傅，我来送送您。"毕昇应声道。

"毕昇啊，刻工不容易，你以后会更辛苦，要好好保重身子，可千万不要像我这样，落下了一身的病啊。你看我这眼睛，不中用了。唉，以后可怎么办？……"师傅一边说，一边默默拭去眼角的泪水。

毕昇默默地看着师傅远去的背影，回想起这几年师傅默默雕刻的场景。炎热的夏季午后，师傅正在检查学徒们雕刻完的版子，对能修正的地方用小刻刀一点一点地完善，对无法修正的，只能退回重刻。寒冷的腊月，书坊主突然要求提前交付一本新书，大家只能加班加点地刻书，师傅更是数日没有睡过一个好觉，眼睛花了也不敢说，刻错了好几个字，浪费了好些版材，被书坊主狠狠批评了一通，还扣了不少工钱。

看着这即将属于自己的位置，毕昇不禁陷入沉思。雕版印刷技术已经有三百多年的历史，固然比手写出书要先进很多，但万一刻错一字，就得浪费一块上好的版材，着实浪费人力、物力。每每刻完一本新书，用过的雕版就得束之高阁，长年累月变成一块块毫无用处的木材，只能拉出去贱卖掉。这些花费大量心血刻成的雕版，少则只印数十次，多则也不过百来次，实在是可惜。

有什么办法能够减轻刻工们的工作压力，让刻工不用再这么辛劳，偶尔也能放松一下呢？有什么办法能够节约材料、减少浪费呢？……这些问题常在毕昇心中萦绕。

三、"印章"带来的奇妙灵感

冬去春来，万物复苏。庆历五年（1045）春，毕昇终于梦想成真，在杭州开了一家属于自己的刻书铺。店铺很小，位置也在沿街的末尾，挂了个非常不起眼的招牌，只有一个写工，三个刻工，一个印刷工，一个校对工，相比万卷堂书坊的大场面，这的确是个小铺。

新铺开业第一天，毕昇就接到了一笔大生意，欣喜万分。毕昇赶紧召集了店内所有工人，分配了刻书任务。大家全都紧张地投入到自己的工作中，一旬时间过去了，给大伙布置的进度勉强完成，已经有刻工喊累，想要休息半日。第二旬，进度跟不上预期规划，毕昇虽然心里着急，但看在大伙努力的份上，没有催促，自己也拿起刻刀和大家一起刻字。毕昇一边刻字，一边思考着：板印书籍虽好，但的确让刻工心力交瘁，连喝口茶水的时间都没有，实在是太辛苦了。况且我这小小的刻书铺人手也不多，怕是竞争不过那些大书坊啊。我得好好想想办法，提高效率才是正道。

正在这时，只听见一个工匠狠狠地拍着自己的脑袋说："唉，又刻错了，这字还改不了……就差几个字了，又要重新刻了，今天怕是不用休息了。"他耷拉着脑袋，陷入深深的自责中。

毕昇看在眼里，下定决心要改革雕版印刷技术。

一日，一位好友拜托毕昇帮自己刻一个一寸见方的印章，毕昇欣然答应。他一边设计雕刻着，一边思考着，要是一个一个的字能够像这印章一样，按照顺序排列，岂不是就能变成一篇文章？需要用的时候粘在一起，不用了再拆开，这样重复利用，能省很多人力物力啊。

毕昇越想越兴奋，急忙放下还未刻完的印章，奔向后院，找来了一整块木材，用锯子切割成大小几乎一样的正方形小木块。花了好几天，整整做了三千多块小木块，一股脑地装进筐子里，背到了自己的书房中。

此后的三个月，毕昇大门不出，把自己关在了书房里，一心一意地刻字。他首先选了三千多个常用字作为第一批试验对象，每一个小木块上刻一个字。为了节约时间，加上其本就技术精湛，毕昇选择直接反刻，省去写样的步骤。今年的冬天格外寒冷，夜晚透过窗纸的冷风让人直打哆嗦，毕昇被冻得直打冷战，妻子催促他早点歇息，他嘴上答应着，手却依旧执刀雕刻，只想着加快进度，尽早完工。

辛劳终有回报。庆历六年（1046），在风和日丽的春日里，毕昇终于刻完了最后一个字。面对着整整一箩筐的木块字，毕昇露出了久违的笑容，像这暖暖春日，让人舒心。

他背着箩筐走出书房，来到了大伙面前，将这沉重

毕昇活字版

的箩筐放下，对大伙们喊道："来，大家手上的活都停一停，一起来看看，这是我这几个月做的木块字，暂时先做了三千多个试验一下，看看能不能印刷成功。"

"哇，师傅，这方法你是怎么想到的？实在是妙啊！我们只要按照文章将字排列起来，固定好，就能跟雕版一样印刷了！"一个年轻的小伙惊叹道，随手便拿起了一个字块仔细端详起来。

"对啊，如果能成功，真的太方便了，我们赶紧试一试吧！"

"那大家觉得怎么固定比较好？我要固定印刷后，还能方便拆下来的方法，大家有没有什么好建议？"毕昇见大家兴致勃勃，也对试验充满了期待。

"我有一个建议，不妨做一块铁板，上面放置一个铁质版框用以固定字印，将松脂、蜡和纸灰之类的材料放置其中，再将字印按照顺序于铁框中排列整齐，用火烤铁板底部，等到松脂、蜡稍稍融化后将字印压平整，等松脂、蜡凝固住以后就可以印刷了。"一位年迈的老匠人提议道。

"这个方法不错，既可以保证将字印固定住，又能保证版面的平整，而且用完之后，再次加热就可以把字印取出，方便重复利用，值得一试。"一位平日里一言不发的印刷工今天居然也发言了，这让大家的兴致愈发高涨了。

心动不如行动，赶紧试验才是正事。几个刻工找来了两块大的铁板，把其中一块打磨成与版面尺寸一致的铁范。印刷工则在库房里找到了一些松脂、蜡、纸灰等材料（"松脂"，即松香，具有黏合性；"蜡"，指蜂蜡，有不溶于水的特性；"纸灰"主要起保温和填充的作用），准备工作基本完成，大家都紧张而又耐心地等待着。毕昇先将铁板置于火盆之上，再放上铁范（即铁框）。铁范内均匀地放上松脂、蜡、纸灰，再在里面小心翼翼地放上按序排列的字印。检查无误后，毕昇升起了火堆，当松脂、蜡稍微有点融化的时候，毕昇又拿来了一块平整的板子放在字印上，用手轻轻往下按压，字印就变得像磨刀石那样平整了。又过了一会儿，当字印与铁板已经完全黏合后，慢慢将火熄灭。静置一会儿，等铁板完全冷却。

"好了，粘住了，可以印刷了！"毕昇摸了摸铁板，兴奋地喊道。

众人立马找来纸张开始印刷起来。一张，两张，三张……十张……每印一张，大伙都大声叫好，如获至宝，纸页上字迹笔画流畅，版面疏朗明快，与雕版印刷的书籍看起来别无二致。

但是渐渐地，有个别字开始变得模糊起来，有大有小。有的左边一半字还能看清，右边的一半就模糊不可见了；有的上面一半字还是正常大小，下面一半字就笔画变粗。整个印刷版面也变得不整齐了，版框也不再方正，歪歪扭扭，有点变形。

毕昇眉头紧锁，陷入了深思，看来还是有问题，质量不过关，光有速度是万万不可的。

"看来是字印出了问题，这木块纹理疏密不均匀，火烤以后有些也会变形，再加上用墨沾湿以后，各个字印变得高低不平，之后想要重复利用就很困难了。"印刷工叹息道。

"是啊，这第一版字迹清晰，可越往后质量越差，真还不如雕版印刷来得省心呢。我看我们还是老老实实用雕版印刷吧，这字印排序固定也是够麻烦的。"

"是啊是啊，还是老祖宗的方法好啊，我们还是好好刻字，用雕版印刷。"

……

大家你一言，我一语。这歪歪扭扭的字迹一下子就把大家的热情都浇灭了，他们纷纷回到自己的工位上忙碌起来，只留下毕昇还拿着字印苦思冥想，希望找到新的解决方法。

四、"胶泥＋火"的完美融合

妻子看着满面愁容的毕昇，忙从后厨拿来瓦壶和茶杯上前宽慰道："别着急，一定有更好的办法，先歇一歇，喝口茶。"

突然间，毕昇灵光一闪，拿过瓦壶，叫来了印刷师傅，激动地问道："师傅，您看这瓦片遇水遇热都不容易变形，能否找个类似的材料，作为我们字印的原材料？"

印刷师傅仔细想了想说："嗯，这确实是一个不错的主意。遇火烤要不容易变形，遇水要不会纹理变疏，还要方便刻字，且要价格便宜，要满足这些条件……不如试试陶泥吧。我知道附近有一家民窑，应该有我们需要的材料，我们不妨去走一趟。"

"好，那就劳烦师傅带我走一趟了。"毕昇答谢道。

毕昇和印刷师傅急匆匆地赶到了民窑，里面有一个大窑场，工人们正在热火朝天地烧制各类陶器，盆盆罐罐垒了一屋子。听完毕昇的话，制陶厂的主人也觉得这个想法值得一试，忙请来有经验的师傅，帮毕昇出点子。师傅结合毕昇的要求，加上自己多年的经验，选择了胶泥作为制作活字的原材料，这是一种土质细软而黏性强的泥土，可以用来烧制各类器皿，既坚固耐用，又不容易开裂。

说干就干，毕昇拿出随身的刻刀，在薄如钱币的方形胶泥上轻松地刻了一个"活"字，小心翼翼地交给了烧制工人。几天后，开窑了，毕昇兴冲冲地奔向制陶厂，泥字印烧制成功了，笔画清晰可见，字印坚硬牢固，完全符合印刷需求。可定睛一看，泥字印上有气泡形成的一点点小孔，毕昇担心这会影响印刷质量，忙询问一旁的工人。"有气泡是很正常的，我们平时就是烧些盆盆罐罐的粗家伙，有点气泡也不影响使用。你要是想要完全没有气泡，得再费些力气，一定要选择洁净细腻的块状胶泥。和泥也很讲究，要和得又透又熟，必须先粉碎，用水浸泡，搅拌澄清，除去沙粒杂质，然后在青石板上不断地捶打压揉，直到泥团全无气泡，变得和面团一样柔软且不黏手为止，方能刻模。"工人一边做着活，一边和毕昇解释道。

"噢，原来是这样子。果然要找行家，这些个门道我也是第一次知道。"

"对了，烧制也是很有技巧性的，不同的材料需要的火候、时间都是不一样的。你要做这么精美小巧的字印，我建议可以放在小窑场里烧，小窑场主要是用来烧泥人的，受热比大窑场更加均匀，也更好控制火候。"一旁的工人也补充道。

"那太好了！真是众人拾柴火焰高啊，多亏了大家出谋划策，那我赶紧再试验一次。"毕昇在大家的热情帮助下反复研究，按照师傅所说的方法制作出合适的胶泥，按照往常的字体大小切成泥丁，待干湿适度的时候，蘸水在光滑的板上轻轻摩擦，直至每一面都光滑为止。"多么完美！光滑洁净！"毕昇对自己的手艺颇为满意。

紧接着，就是制字的工序了，包括刻字和烧字两道步骤。毕昇轻轻捏住软硬适度的泥坯，刻上了不同的字，笔画清晰，深度如铜钱的边缘，精致细腻。刻制完成后放在小窑里，以草火烧之。

热火朝天的制窑厂里，汗水早已浸湿了毕昇的后背，但他丝毫没有察觉，一心一意地盯着即将出窑的泥字印。"成功了！啊，终于成功了！"毕昇兴奋极了，看着这一个个精美的泥字印，光滑规整，没有一丝缝隙，没有一点气泡，在阳光下似乎还有点透亮，着实完美！

拜谢了诸位师傅，毕昇带着样品回到了自己的刻书铺，按照制陶厂师傅们传授的方法，自己动手在后院建了一个小窑场，购置了一堆品质上乘的胶泥，开始了制模刻字的工作。和上次不同的是，毕昇这次将一些常用字，比如"之""也"等字刻制了二十多个，因为一页中很可能出现多次。此外，还留了一些空白字印，用以填充文章中的空格。

刻制完毕，毕昇亲自点火烧窑，还请来了有经验的师傅，一同烧制字印。整整两天两夜，毕昇一步不离地坐在窑灶旁，亲自掌握火候，既不能使其爆裂，又不能使其流釉，不然就前功尽弃了。

出窑那日，闻讯赶来的人挤满了这间小小的刻字铺，别提多热闹了。毕昇向大家展示一排排烧制成功的字印，按照读音归类放置在木格字盘内，同一个韵部的，再按照部首笔画排出顺序，整整齐齐的，让人一目了然。随后，他拿来了预先准备好的方形铁板，均匀地放上松脂、蜡和纸灰等材料，再放上早就制作好的铁范，按照文章顺序挑选字印摆放整齐。另一位工人用火烤着铁板，毕昇见松脂已融化，立刻用一块平整的木板在字印上压了一压，使版面平整，随即把铁板从火上取下静置，待其冷却。大家都聚精会神地看着，平时吵闹的孩子今日也都变得格外安静。毕昇拿起铁板，左右晃了一晃，又倒过来晃了一晃，没有字印落下，非常牢固。"成功了！开印！"一旁的印刷工开心地喊道。大家不约而同地击掌相庆。

"这个方法真妙！"

"是啊，以后可以省去雕版的工序，省下不少人力和木材……"

"对啊，这样以后我们买书也会更方便、更便宜！"

……

大伙你一言，我一语，议论纷纷。

与此同时，印刷工已经准备就绪，开始印刷第一张纸，大家屏息凝视，一张、两张、三张……到第十张的时候，毕昇的额头开始渗出汗水，眼睛紧盯着即将印制好的纸张，待印刷工轻轻揭开薄纸，毕昇长吁了一口气，露出了久违的笑容。第十张也印刷得非常完美，和第一张一模一样，字体没有变形，也没有模糊。

工人继续印制着，二十张……三十张……一口气印了百来张。

周围的人一边看着一边发出由衷的赞叹，纷纷向毕昇道贺，恭贺他成功改革了印刷术。

"谢谢大家！这个改进可不光是我一个人的功劳，要感谢制陶厂的师傅们，也要感谢我们的工匠，没有大家的建议和帮助，是不会有今天的成功的。"毕昇作揖答谢。

"毕昇啊，这个新发明叫什么名字呀？"人群中有人问道。

"不如就叫活字印刷吧。"有人提议。

"好，这是一个个可以灵活排版、重复利用的字印，叫'活字印刷'很贴切！那就听大家的，就叫活字印刷。"

毕昇拿起桌角上第一次试验的泥字印，上面恰恰也是一个"活"字，似乎正暗示着活字印刷的成功诞生。

人们纷纷散去，毕昇和工人们一起用火烤铁板，将松脂融化，用手拂之，活字就轻轻掉落下来。工人们按照韵部顺序，将字印归置在木格内保存，将韵字头贴在木格板上用以识别。并又做了一套铁板和铁范，用以交替使用，提高印刷效率。至此，活字印刷正式投入生产。毕昇从书架上取出私塾先生的手稿，用手拂去灰尘，开始了第一本书的印制。不出几日，一摞书就印制完成了。当他拿起第一本用活字印刷、装订成册的书时，不禁泪流满面。他看到的是，这么多年的辛苦努力没有白费，工作效率提升了，刻工终于可以稍微"偷懒"一下了；他没有看到的是，这项技术革新，在世界印刷史上具有划时代的意义，不仅仅是一次技术革新，更展现了中国普通百姓的聪明才智，定将载入史册。

幸好，有人替他看到了。

五、遗落民间的伟大发明

四十多年后，北宋科学家沈括将毕昇的发明写进了《梦溪笔谈》，详细记载了活字印刷的原理，为后人传承此项技术留下了珍贵的资料。据说南宋人周必大依照沈括的记载，进行了活字印刷的实践，并取得了成功，排印了《玉堂杂记》二十八事，证明了这项技术的可复制性。

在随后的几百年里，活字印刷不仅传播到了西夏，出现了西夏文佛经《维摩诘所说经》等泥活字印本，甚至还传播到了临近的朝鲜，当地人称其为"陶活字"，

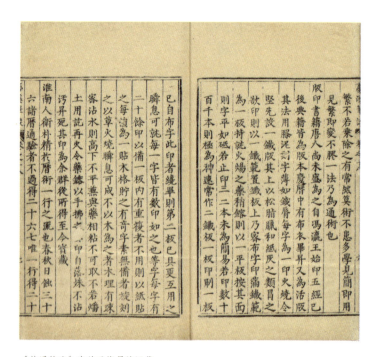

《梦溪笔谈》中关于毕昇的记载

后经朝鲜传至日本等国，最后传至欧洲各国，对推动世界文明进程起到了举足轻重的作用。

但自始至终，活字印刷技术并没有被官方大量使用，深究其原因，大概是前期准备工作较为烦琐，多人刻字又容易造成每个字大小、字体、笔画、风格上的不统一，且笔画的清晰度、版面的平整度都低于雕版印刷技术，工人排版置字也难免犯错，所以单看最终的印刷效果往往不如雕版印刷。可是若论生产效率和技术的创新，活字印刷术的发明不得不说是普通老百姓的智慧结晶，是人类历史上的一次壮举。

毕昇，一介布衣，却发明了一项造福人类千年的技术，不得不让人赞叹，赞叹他革故鼎新的精神，赞叹普通百姓团结共进的力量，技术造福人类，精神感动后代。

[人物名片]

毕昇（？—约1051），出生于淮南路蕲州蕲水县（今湖北省黄冈市英山县），后主要生活在杭州。毕昇在实践过程中，认真总结了前人的经验，深入思考，勇于创新，于北宋仁宗庆历年间（1041—1048）发明了活字印刷术，这是中国印刷术发展中一个里程碑式的变革。毕昇作为一介布衣，对中国劳动人民的长期实践经验进行科学总结，对中国和世界各国的文化交流作出了贡献，称得上是一位伟大的平民发明家。此外，杭州流传着许多关于毕昇的传说故事。相传他曾经在杭州望江门附近创办了一家刻书铺。为了方便望江门外的行人过河，他出资重修了一座古桥——始版桥。

参考文献

1.沈括：《梦溪笔谈》卷十八，文物出版社，1975年，第 15—16 页。

2.张家驹：《沈括》，上海人民出版社，1978年，第 154 页。

3.张相端、李德钧、姜葆夫：《科学史上的明星——中国古代科学家的故事》，山东人民出版社，1983年，第 213—225 页。

4.张㧑之、沈起炜、刘德重主编：《中国历代人名大辞典》，上海古籍出版社，1999年，第 516 页。

5.肖东发：《活字印刷术的发明及其在宋元时代的发展与传播》，《北京大学学报（哲学社会科学版）》2000年第 6 期，第 96—104 页。

6.孙启康：《活字印刷术的发明者——毕昇轶事考论》，《出版科学》2018年第 26 卷第 4 期，第 121—126 页。

7.项弋平：《宋代杭州的刻书与毕升发明活字印刷的地点》，《文献》1983年第 4 期，第 228—233 页。

8.陈力：《中国古代活字印刷术新论（上）》，《中国图书馆学报》2019年总第 45 卷第 240 期，第 4—14 页。

9.陈力：《中国古代活字印刷术新论（下）》，《中国图书馆学报》2019年总第 45 卷第 241 期，第 4—13 页。

10.史金波：《西夏对中国印刷史的重要贡献》，《中国史研究》2020年第 1 期，第 98—115 页。

第二章

上知天文、
下知地理的科学泰斗

至于技巧、器械、大小、尺寸，黑黄苍赤，岂能尽
出于圣人！百工、群有司、市井、田野之人，莫不
预焉。

——沈括

一、梦溪园之主，一不小心写了本百科全书

元祐五年（1090）的冬夜里，天幕中一轮弯月，将柠檬黄的微光洒在了厚厚的积雪上，也洒在了一位老者的满头白发上。老者慢慢地在花园里踱步，回忆着曾经的点点滴滴。

他想起来，当他还是一个孩子的时候，名门出身的母亲便会教给他们一些简单的兵法，他和哥哥却一直闹着玩，舞枪弄棒，追来打去，吵吵闹闹一个下午才罢休。也想起了刚念书那会儿，由于父亲多年在外做官，便总是跟着四处搬迁，好在有母亲的悉心教导，才不至于荒废了学业。而这段奔波的日子，也让他增长了不少见识，小小年纪就能见到许多稀奇玩意儿。他想起了那只立在船头的大鸬鹚，因为抓鱼迅猛而被渔夫拿来作为捕鱼工具，现在回想起来还真是怪可怜的。他当然也想到了后来那些挑灯夜读的日子，但其中最让他难忘的，必定是他这些年来苦心搜集的各种治病良方、钻研改良的各种新仪器、有心记录下来的各种新发明，还有那些闻所未闻的新鲜事……

自从得到了皇帝准予居住自由的诏书后，外界的纷纷扰扰便与他无关了，他决定回到这处早年购置下来的园子里，安心记录下这几十年来的故事。

他隐居于此，著书立说，从清晨到深夜，从春天到秋天，笔耕不辍。那些曾经的所见所闻依旧历历在目，真恨不得能全部记录下来。他不会想到，数十年后他会因为此书而家喻户晓。他更不会想到的是，千百年后，他会因为此书而被世人永远铭记。

他就是大名鼎鼎的沈括，北宋钱塘（今浙江杭州）人。他晚年居住的这处园子名为"梦溪园"，而这本流传千载的笔记体著作便是《梦溪笔谈》。

说起这个园子，还有一个美妙的故事。想当年他还在外做官之时，常常在梦境中出现一处园子，那里有一座小山，郁郁葱葱，山下有一条清澈见底的小溪，流水

沈括像

潺潺，整个园子里到处是鸟语花香，让人神往不已。一位道人得知了此事，建议他在润州（今江苏镇江）购买一处园子，沈括听从了他的建议，却因公务缠身一直没时间来小住。直到年近花甲，才得以挑个住处安心养老，于是便想起这处园子来。

"巧了！这园子和我想要的一模一样啊！还有这清脆的溪水声，如此悦耳动听，真让心情舒畅啊，这就是我当年梦中的园子！不如就叫它'梦溪园'吧！"他一边欣赏园中的风景，一边暗暗惊叹，这世间居然还真有这样的园子，他决定了，往后余生就住这里了！

在这世外桃源里，他做了一个又一个梦，仿佛回到了从前，这些年他认识的人，知道的事，听到的故事，都一点点被带到了眼前，记忆的宝盒轻轻打开：小的时候，幸得大夫救治才得以活命，大病初愈便自个儿央求大夫，希望能得到这一绝妙的药方，他永远记得那位老大夫写下药方时那慈祥的脸庞；年轻的时候，因为好奇喻皓的独门妙技，跑遍全城的书店，只为了能买到《木经》，他还能记得翻开那本书时的激动心情；在杭州为父守丧之时，因为听闻毕昇有一套流失在外的木雕活字，便立即让侄儿去高价收购，才得以了解到活字印刷的原理……

他记得这些普通人的发明，记得这些平凡人的故事，他决定要把他们的故事都好好地记录下来。当然，他想写的还不止这些故事……

沈括将这本书分成十七目，内容涉及天文、历法、地理、物理、化学、数学、生物、医药、水利、建筑等科学领域，以及文学、音乐、绘画等人文艺术领域，还有人事、军事、法律及杂文轶事等内容。他自己大概也没有想到，这部率性而为的随笔能装下这么多故事，真的是上及天文，下达地理，包罗万象，也难怪这本书会被后人称为百科全书。

二、天文爱好者终于进了司天监

北宋治平元年（1064）的一天，天幕霞红，远山含秀，山坡上，一位英俊的青年正在挥汗舞剑，突然，一道亮光划破苍穹，从天而降。

他驻足远眺，只见一个忽明忽暗的火球拖着一条耀眼的光带出现在东南方向，迅速划过，转瞬即逝，只留下了一条银色的轨迹。

他突然眉头紧锁，若有所思，片刻过后，欣喜若狂地奔向家中，拿出纸笔，记录下刚刚发生的一切。

起笔，落笔，一气呵成。

妻子见状忙迎上来："郎伯，刚才行色匆匆，所为何事？"

沈括答道："今日练剑，遇一奇观。只见那蔚蓝的天边……那真是难得的景象啊！我这才赶紧回来，想把这件事情记录下来，或许日后能派上用场。"

"那是何物？"妻子好奇地问道。

"很可能是一枚星辰坠地。"

"星辰？可知是福是祸呀？"

"这是天地间的自然现象，不关人事。你看，这都是我这些年来记录下来的天象，天地万物都有其规律，只要掌握了规律，便能参透其中的奥妙……时候不早了，我得先走了。"说罢，便起身出发了。

一两年后，经淮南路转运使张蒭推荐，沈括被调入京师，任编校昭文馆书籍，渐渐崭露头角。

昭文馆内藏有丰富的书籍，对于求知欲旺盛的沈括来说，简直就是人间仙境。平日一有闲暇，他便会钻研一些天文、地理知识，并参预详定浑天仪。长年累月的天象记录，使沈括对天文历法的研究越来越深入，名气也越来越大，甚至有司天监的长官来向他请教，慢慢地，大家都知道昭文馆中有这样一位"天文爱好者"。

熙宁元年（1068）八月，沈括之母许氏卒于京城，悲痛欲绝的沈括毅然辞官，护送母亲的灵柩回杭州安葬，后为母守孝三年。

熙宁四年（1071），沈括服丧期满，返京复职，任检正中书刑房公事一职。早在昭文馆校书的时候，沈括查阅到一则有关仁宗时期一位术士测算月食的奇闻，这让本来就对天文感兴趣的沈括无比激动，他利用空余时间，搜罗各类历法和天文书籍，废寝忘食地钻研起来。

这件事很快传到了宋神宗的耳朵里。宋神宗对沈括的博学多才也是早有耳闻，便择日召他前来，问道："存中，听闻你对天文历法多有研究，近日可有什么新发现吗？"

"臣近年来一直在研讨历代历法，在昭文馆时曾参与过浑天仪的详定工作，以进行天文观测。根据真实数据的推演，发现《崇天历》对上一次月蚀的记录确实有误，修改之后有所完善，但仍有不足之处，可能会导致无法预测下一次的日蚀……"

"这么说来，日蚀、月蚀实乃有规律可循，那到底是什么原因导致的呢？"

"回禀陛下，日蚀、月蚀的出现是由于白道与黄道不完全一致，黄道与白道如同两个环相互重叠而略有错开，日、月在同一黄经度上相遇就发生日蚀，在同一黄经度上相对就发生月蚀。"

神宗听得非常仔细，登基以来他力图改革，但常常感到力不从心，倍受压制，此次若能名正言顺地创制新历，定能力排众议、聚集民心，对推进改革大有裨益。

神宗一边点头，一边又问道："存中，如你所言，《崇天历》存在不少问题，有何解决之法？"

沈括深知神宗对改天换历的迫切需求，于是侃侃而谈："回禀陛下，以臣之见，需要重新核对数据，进行计算试验，制作新历，才能从根本上解决问题。我们如今的历书确实有很多，但从根本上来说都是源于唐朝一行大师的《大衍历》，其观测的天文数据是唐朝时期的，与我们现在的数据有很大不同。就目前使用的《崇天历》而言，虽然也已经修改完善多次，但只是起到了一个修补的作用，仍旧会有新的问题出现。所以，臣建议应根据本朝的天文观测数据，重新制定一本历书。"

"好！存中才识渊博，深谙天文、历法，朕欲以卿兼提举司天监，负责编制新历。"宋神宗当即下了决心。

终于，"天文爱好者"沈括开始兼任掌管天文历法

杭州风华 HANG ZHOU

的司天监长官，历史即将拉开新的帷幕。

三、不耻下问的"红眼"长官

上任伊始，沈括便在神宗的支持下，大刀阔斧地干了起来。他广纳贤才，招徕了许多有才干的新人，其中就有一位来自民间的算术大师——卫朴。

"听说沈公招了一位卖卜的人来我们司天监呢！"一位官员小声地议论着。

"是啊，我也是才听说，沈公可是亲自上门请他，还上奏了好几次才把这人招进来的，也不知道有什么特别的才能，可别是来忽悠人的。"又有人小声附和道。

"对啊，咱们还要研究新历，事情一下子变多了，忙都忙不过来，可别搞出什么岔子，沈公也真是……"大家一边干活，一边轻声埋怨，似乎对这个新人颇有不满。

沈括自然不会在意这些，他非常了解卫朴的算术才能，他虽然只是个卖卜的，但是却能口诵乘除，精通天文历算，是个不可多得的人才，对即将开始的新历法的制定会起到举足轻重的作用。卫朴到了司天监后，就和沈括一起研究往年的历书，夜以继日，得出了与沈括一致的结论：《崇天历》只是对以往历书的完善，并没有完全使用本朝的天文观测数据，自然有很多漏洞。要想修好这部历书，必须使用本朝的真实数据重新进行演算。

说干就干，沈括立刻派人找来司天监和翰林天文院的两份候簿，想要研究一下近几年的天文观测数据。宋朝皇帝向来重视天文观测，不仅有司天监每日夜观星象，还在禁中设有翰林天文院，同样是记录天象的，两份数据会有专门的官员来进行核对，确保观测数据准确无误。

按理来说，这样得到的数据应该是真实可靠的。可是沈括一看才发现两份候簿不仅有些细节不统一，而且很多数据都是错误的。沈括派人暗中调查此事，发现是司天监和翰林天文院的官员们在弄虚作假，很多时候都没有如实观测，只是随手写了一个数据，草草了事，又买通了核对数据的官员，导致这个双轨制的天文观测数据出现了巨大的纰漏。

沈括意识到，想要修好这部历书，必须先清理这些滥竽充数的官员，否则数据不可靠，历书就难以准确。于是，他上奏皇帝，揭发他们的欺瞒行为，罢免了六位尸位素餐的官员。

司天监官员大换血后，工作效率得到了极大的提高。候簿有误，只能重新进行天文观测，才能获得第一手的真实数据。

"来人，将你们平日的观测仪器抬上来！"沈括厉声道。

很快，官员们把浑仪、漏壶、景表等观测仪器摆放在了大殿外。沈括绕着这些仪器走来走去，仔细地观察着。阳光照射下，每一处锈迹，每一处漏洞，都看得一清二楚，仿佛在诉说着被打入冷宫的无数个寂寞夜晚。

"这些仪器都是什么时候造的？平时都是怎么维护的？"沈括问道。

"造了好些年了，接管的时候就已经是这样了……"负责管理的官员战战兢兢地回答道。

"如此锈迹斑斑，怎能观测天象？候簿不精准，历法以何为依据？节令、气候以何告民？百姓又该如何按照节令春耕秋收？民以食为天，百谷不生何以国富民强？"沈括不禁大声疾呼，他下定决心要改制这些旧仪器。

一片漆黑的夜空中，有着点点星光，院内，一位长者正在一丝不苟地观察着。

"沈公，昨晚又是一夜没合眼吧？我看您眼睛都熬红了。"一位官员拿着候簿走了过来。

"就是几天几夜不合眼，也是值得的！你看，这是我这几日改进的浑仪，扩大了窥管的口径，从以前的一度半扩大到七度了，终于可以看清楚北极星的走向了！"

"沈公，要不今夜让我们来观察记录吧，您也休息几日。"历官看着这崭新的浑仪，对沈括颇为敬佩。

"没事，我还想再亲自观测几日，顺便再改进一下。对了，昨日让你们去找的五星资料有消息了吗？"

"翰林天文院的人说一有消息就会来通知我们，但是我看还是别抱太大的希望了。"历官小声回应道。

沈括自知当时罢免了不少渎职的官员，少不了遭人记恨。但缺少历年的五星资料，势必给改历工作再一次增加了难度。沈括绝非轻言放弃之人，正所谓求人不如求己，沈括决定根据现有资料进行推演。他夜以继日地工作着，每日里挑灯夜读，熬红了双眼才稍事休息，遇到不明白的地方，总是亲自跑去请教有经验的历官，不管年轻与否，总以师傅相称。不久之后，整个司天监的历官们都认识了这位刚上任的"红眼"长官。

沈括为了改历工程耗费了大量心血，他和历官们一起研究，最终简化了浑仪，改善了漏壶，创新了景表等观测仪器。功夫不负有心人，长期的观测记录，使得沈括发现了一个前所未有的天文现象——太阳周年视运动的不均匀性。原来，太阳东升西落并不是匀速的，而是一个变速运动，旧版和升级版的《崇天历》都测不准日蚀或者月蚀，因为都把它看作一个匀速的运动，在这个基础上进行演算，当然会出现差错。

沈括高兴得直拍桌子，不禁拿笔写下——"此古人之所未知也"，合上卷纸，卫朴正巧走了进来。

"沈公，老远就听到您的笑声，可是有新发现？"卫朴问道。

"我正想要找你说这事呢！我们的观测工作已经做得差不多了，后面的算术工作可全都得仰仗你了！我刚根据观测结果发现一个现象，或许对后面的改历有所帮助……"

"那实在是太好了！沈公果然是博学多才！我这就开始演算，定不负所望！"

熙宁八年（1075），新历编制完成，改历工程顺利结束。神宗大喜，将新历赐名为《奉元历》，下诏即刻颁行，并奖赏了编历过程中的有功人员，赐沈括连升三级，赐卫朴百千钱。

四、一份特殊的"情报"

边关重地，千里孤寒，屋内灯火摇曳，忽明忽暗。沈括正双手撑在桌上，仔细地研究着宋辽边境地图。

熙宁七年（1074），沈括奉诏担任河北西路察访使，主要负责督察边境防务，改革旧政。河北西路所处的位置非常特殊，正处于宋辽的接壤地带，是军事重地，也是宋辽之间相互争夺的地区，对宋朝来说意义重大。

沈括此番千里迢迢赶来，为的就是彻底了解宋辽边境的现状，以解神宗的心头之忧，为变法保驾护航。

"师正兄，这幅边境地图我已经研究了几日，这块区域确实是大宋的边陲重地，可惜地图上标识粗略，很难看出边境目前的形势。我知道你对辽国也有所了解，依你之见，我们此番应该如何研究？"沈括抬起头问道。

"存中兄，依愚见，实地调查是不可缺少的，但这边境之地向来都有重兵把守，想要一探辽地情况，得好好谋划。"定州知州薛向答道。

"你说得没错，既要隐藏身份不能被辽国士兵发现，又要能骑马前行节省体力，还得带上些防身的武器以备不时之需。这事可不简单啊！"沈括不禁陷入了沉思。

深夜，沈括躺在营帐的粗陋草席上辗转反侧，想求一个万全之策。他想着想着，又回忆起那幅破旧的地图，上面只是粗略标注了一些关隘和道路的位置，连村落都鲜有标注，若想进行实地调查，自然是困难重重。要是能有一幅稍微详细些的地图该多好啊！再说，正所谓知己知彼才能百战不殆，连一幅像样的地图都没有，谈何边境防御？此番前来，定要好好研究一下这边境形势，制作一幅全新的边境地图！

经过几日的苦思冥想，沈括决定假装畋猎，带上了刀枪弓箭和一些测绘工具，并选了二十骑精兵在附近掩护，和薛向一同开始了实地勘测工作。

正如沈括所料，漫漫长路格外艰辛，山岳沟壑，河流湖泊，地图上几乎没有确切的标识，导致他们走了许多冤枉路。但他也因此有了许多新发现——边关要塞，人烟稀少，既有条条大路，也有些羊肠小道，有山岳湖泊，也有沟壑荒野，形势比想象中的还要复杂多变。最重要的是，他意识到，其实辽国并没有想象中那么强大的军事实力，如果能巧用边境独特的地理优势，宋辽之间孰强孰弱怕也是难做判断。

他们遍历山川，搜集了许多详细的数据，足足打了二十多天的猎才回到营中。稍作休息，沈括便立即投身于地图的绘制工作中，想要把山川河流标注在地图上自然难不倒他，但是光有位置还不够，山有多高，水有多深，这些数据都对边疆战事起着至关重要的作用。只有充分展现边防现状，才能有的放矢地进行军事训练，才能说

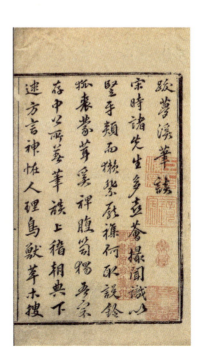

《梦溪笔谈》

服朝中旧党改变消极被动的防御政策。要是能造一个等比例缩小的立体模型出来，那该多好啊！

这让博览群书的沈括一下子就想起了谢庄——南北朝时期的一位制图能手，他就曾经制作了一个木刻方丈图，把山川、地形做成地理模型，然后按照州郡的方向，拼合成一个完整的地图。

沈括深受启发，决定也采用木刻地图的形式制作一幅立体地图，向在东京的君臣们全面地展示最新发现的"情报"。

但此处偏僻荒芜，既没有上等的木材，也没有好的木工师傅，想要在短时间内制作这样一幅立体地图着实困难。况且回京之路崎岖坎坷，要带上这样一幅"鸿篇巨制"实在是太困难了。

沈括灵机一动，想出了一个巧妙的办法。他派人找来了一些普通的木板和木屑，把木板放平，在上面用木屑堆起各种形状，这样既节约材料、时间，又轻便易于携带。

只是木屑本来就是散状的，虽然能轻松地摆放出各种各样的地形，但是质量太轻，一阵风就会把刚摆好的地形吹得一塌糊涂，面目全非。沈括有的是办法，他找来面糊，将木屑粘合成形，固定在木板上。到了冬天，面糊因为气温太低冻住了，便改用熔解的蜡。就这样，经过数十个日日夜夜的奋战，沈括终于把地形骨架制作完成了。接下来，沈括用不同的颜色在上面标注山川、道路、要塞、军事据点等。终于，一幅立体地图的初稿就制作完成了。

这幅初稿虽然轻巧易携带，但是并不能长期保存，木屑、面糊、蜡都会随着时间的推移慢慢变形。于是，沈括下令即刻返程，带上些精干的随从，快马加鞭地奔赴京城。

沈括前脚刚进府衙，京城的几位能工巧匠后脚就来了。原来，为了加快速度，还在半路上的时候，沈括就命手下日夜兼程，赶回京城网罗名匠。沈括将千里迢迢带回来的初稿小心翼翼地摆在了大厅的正中间，几位匠人仔仔细细地研究起来，很快就按照初稿的样子刻制了一幅地图，这就是沈括最终想要的木刻地图。

朝堂之上，群臣皆立，沈括求见神宗。

"沈卿此番前去有何收获？"

"回禀陛下，臣带来了一份特殊的'情报'，还请陛下查阅。"随即让人将木刻地图抬了上来，一幅巨型地图慢慢出现在君臣们面前，上面清楚地标识了宋辽边境的重要据点，文武百官看了都赞不绝口。

"陛下，这就是臣说的重要'情报'。您看，这红线就是我们的宋辽边界，往西走就是辽国，臣将实地勘测的每一处地理位置都进行了详细的标注，尽可能地还原每一座高山，每一处沟壑。正如所见，两国边界区域地势非常复杂多变，如若能好好地利用这地理优势，我大宋御敌将会稳操胜券。"

"好！沈卿有心了！这份木刻地图确实让人一目了然！依你数月的亲身考察，辽军实力到底如何？"

"回陛下，您看这份地图上标注的各个关隘据点，辽国的边防情况与我大宋实在是难分上下。如若我们消极御敌，短期内自然也能和平共处，但长此以往必定会助长敌方气焰，而若我们能因地制宜，高效训练，就算不能开疆拓土，造福大宋子民，至少能随机应变，守护住我们的大好河山！"

神宗与文武百官都被沈括的话震撼到了，曾经坚持要采取消极军事策略的旧党大臣，也在事实面前悄悄低下了头，觉得确实有必要制订更有效的军事战略，沈括这次的"情报"果然有效！

神宗大喜，下令推广木刻地图，要求边境各州都要按照沈括的方法进行制作，然后存放于皇城内，方便皇帝进行军事上的战略决策。就这样，沈括的木刻地图推广到了边疆各州，在当时的边境防务中起到了重要作用。

五、十二年前的约定终于兑现

沈括自己也不会想到，上知天文下知地理的他，有一天会被限制行动自由。他也不会想到，与皇帝的约定竟然过了十二年才得以兑现，且恰恰因此感动了皇帝，让他重获自由。

故事要从熙宁九年（1076）谈起，在木刻地图名震京城后，皇上命他再制作一幅《天下州县图》，希望他能在一般的行政区划图基础上，将复杂的地形地貌也精确地绘制上去。沈括接受了这项艰巨的任务，不出一年，就在原有《天下州府军监县镇图》的基础之上，绘制了一份初稿，眼看工程过半，地图完工指日可待。

可就在这个节骨眼上，沈括被贬出了东京，贬到了宣州，朝廷的这个绘图任务也就不了了之了。又过了一段时间，沈括再次被朝廷起用，担任了鄜延路经略安抚使，这本是一个建功立业的好机会，可是在与西夏作战的过程中，因永乐城失守，神宗痛哭不已，沈括再次被贬，同时也失去了随意居住的自由。没过多久，神宗就驾崩了，其子哲宗继位，朝堂之上便再也没有沈括的消息了。

此时因为新帝登基而得以量移的沈括，不再期望于在朝堂上一展宏图，而是静下心来，专心致志地研究学问，开始重新整理熙宁九年奉旨编绘的《天下州县图》。

沈括是一位严谨的科学家，也是一位生活的有心人，早在他担任三司使的时候，就搜集了很多文字资料，整理了满满一书柜。但是光有文字资料还是远远不够的，实地勘测才是重中之重，关乎地图的科学性和准确性。与上一次畋猎测绘不同的是，沈括这次可以正大光明地走访研究，调查时间更久，活动范围更广，这也让他有了新的发现！

实地勘测少不了工具，其中最不起眼但是最重要的，就是那枚小小的指南针，利用它可以轻松地分辨南北方位，方便进行野外勘测。沈括在长期的使用过程中发现，指南针并不是指向正南，而是微微向东偏离。

这个角度就是磁偏角。

指南针其实并不是指着地理上的南北极，而是地球磁场的南北两极，地球的磁场北极可以吸引指南针的南极，这才让它小小的身材拥有巨大的作用。换句话说，磁偏角的发现说明了磁场的南北极与地理上的南北两极是存在夹角的。这个发现无疑是史无前例的，也是沈括长期观察探索的结果。

虽然这个磁偏角十分微小，对日常生活几乎没有影响，但若用来绘制一幅全国地图，便会差之毫厘，谬以千里。沈括的这个发现，使得其绘制的《天下州县图》的科学性达到了史无前例的高度。

元祐三年（1088），沈括创作完成的这幅迟到的《天下州县图》被人呈送到了哲宗的面前，来赴十二年前的约定。

一张偌大的地图徐徐展开，高一丈二尺，宽一丈，哲宗与高太后都惊得目瞪口呆，他们从未见过如此大的地图。这还只是冰山一角，沈括制作的《天下州县图》是一套图，一共有二十幅，其中全国地图就有两幅，一大一小，展开的这份就是那幅大的地图，其余十八幅地图对应的是十八路，每一路有一张小地图。

"沈括果然是名副其实的绘图高手，这份地图着实详细精密！"哲宗对沈括绘制的地图赞赏不已。

沈括墓

　　沈括在呈送《天下州县图》的同时，还呈上了一份手册，里面标注了地图上每个重要位置的坐标。有了这本小册子，即使原图弄丢了，也可以复制出一模一样的《天下州县图》。

　　沈括在绘制《天下州县图》时，也多有发明，如"二十四至"法。西晋裴秀制图用的是"六体"，采用的是四至八到定方位、定距离的方法。沈括觉得不够精确，于时将其划分为二十四至，故而称之为"二十四至"法。这相比从前的标记方法更加精确高效。

　　《天下州县图》的绘制成功，使哲宗对沈括的卓识与才能有所了解，元祐四年（1089）九月，哲宗颁诏"责授秀州团练副使、本州安置沈括叙朝散郎、光禄少卿……并分司南京，许于处州军任便居住"，解除了对沈括行动上的限制，让他可以自主自由地选择居住地。重获自由的沈括，最终选择了自己早年在润州购置的梦溪园。

　　至此，沈括的从政生涯终于落下了帷幕。

　　"予退处林下，深居绝过从。思平日与客言者，时纪一事于笔，则若有所晤言，萧然移日，所与谈者，惟笔砚而已……"这位贯通文、理、商、法、工、农、医等领域的集大成者，在历经官场的跌宕起伏后，终于得归宁静，找寻到自己最佳的位置。在生命最后的六年里，沈括回忆往事，留下了传世的不朽之作——《梦溪笔谈》，让后人得以有幸认识这样一位伟大的科学家。

　　沈括（1031—1095），字存中，杭州钱塘人，北宋科学家。仁宗嘉祐八年（1063）进士。神宗熙宁中，提举司天监，改制浑仪、景表等仪器，召卫朴造《奉元历》。他博学善文，熟知天文、地理、化学、生物、律历、音乐、医药、典制等，被誉为"中国整部科学史中最卓越的人物"。著有《梦溪笔谈》，内容丰富，集前代科学成就之大成，在世界文化史上有着重要的地位，被称为"中国科学史上的里程碑"。

天
生
创
造
派

H A N G

Z H O U

参考文献

1. 沈括：《梦溪笔谈》卷十八，文物出版社，1975年。

2. 张家驹：《沈括》，上海人民出版社，1978年，第143—222页。

3. 付华、莫其：《沈括》，四川少年儿童出版社，1997年。

4. 张㧑之、沈起炜、刘德重主编：《中国历代人名大辞典》，上海古籍出版社，1999年，第1150页。

5. 林正秋：《北宋杭州三大科学家》，《杭州科技》2008年第1期，第56—57页。

6. 徐规、闻人军：《沈括前半生考略》，《中国科技史料》1989年第3期，第30—38页。

第四章

洛书新解，

纵横图研究第一人

今首以乘除加减为法，秤斗尺田为问。

——杨辉《日用算法》

一、聪慧少年郎，灵机一动解难题

或许从那一天开始，他就明白，他这一辈子与算术是分不开了。

南宋度宗年间（1264—1274），古城钱塘（今浙江杭州）郊外，午后的烈日火辣辣地烧烤着大地，杨辉独自一人走在路上，后背的衣裳早就被汗水浸湿，颜色一块深一块浅的。额头上的汗珠也一颗一颗地冒了出来，脸颊也被晒得红扑扑的。平日里遮阳用的草帽让人透不过气来，仿佛被罩在一个密闭的容器里，格外闷热。

若要问究竟是为了何事如此辛劳，杨辉只会微微一笑，抿着嘴不说话，稚嫩的脸庞上，炯炯有神的大眼睛透露出他心底的秘密——去借一本算术书！他不太爱说话，面对大人的询问，只是羞涩地摇摇头，礼貌地行礼表达歉意，便继续一步一个脚印地往前走，瘦弱的身影在夕阳下被无限拉长。余晖之下，他独自走在崎岖的山路上，享受着一个人的宁静时光。

杨辉是喜欢这份孤独的，他从小就不善言辞，喜静不喜动，没事就爱一个人躲在书房里钻研算术，偶尔在院子里玩耍，也是拿出算筹放在地上摆弄，旁若无人地捣腾一个下午。

此番远行也正是为了他心心念念的算学。杨辉家境还算殷实，父亲在他很小的时候就请了私塾先生教授他功课。而这位先生很是不同寻常，除了讲授四书五经、诗词歌赋，偶尔还会教授一些简单的算学，这让从小就对数字格外敏感的杨辉特别感兴趣，课上认真听讲，课后积极提问。别的小朋友还在算一加一等于二的时候，杨辉就已经学会简单的乘法运算，有时候还能帮乡亲算一算土地的面积，是远近闻名的算学小天才。

就在前几日，杨辉从私塾先生口中得知，钱塘（今杭州）郊外一百多里远的地方有一位老先生，不仅本人精通算学，而且家中藏有许多算学书籍。酷爱算学的杨辉听在耳里，记在心里，今日恰巧家中无事，便决定前往拜访。

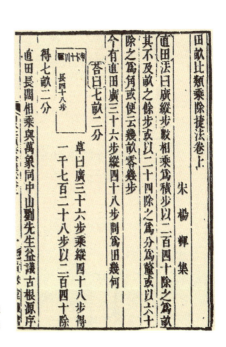

杨辉
《田亩比类乘除捷法》书影

是一位老先生开的门，先生见杨辉小小的个头，走得满头大汗，猜中了一二，蹲下身子轻声地问道："孩子，大老远赶来的吧？可是为了学算术？"

"是的，先生，我老师说您精通算学，还有一堆有关算学的书，想跟您借来看看，看完就还您！"

"哈哈哈哈——我果然猜对了！我这一把年纪了，每年都有人来向我请教算学，可是像你这般年纪的，我还是头一次见到呢！"老先生将着胡须，不禁仰天大笑起来，笑罢又突然严肃起来，"孩子，你小小年纪，应该先好好学习四书五经，将来参加科举考试才能出人头地，为何非要大老远跑来学算学？不觉得浪费时间吗？你回去吧，以后有用得着算术的时候再来找我吧！"

杨辉见先生不允，苦苦哀求起来，眼泪在眼眶中打转。这一路走来的风吹日晒都没将他打垮，这会却眼见得要支撑不住了。

"唉，好孩子，快起来吧！我给你出一道题，要是你解出来了，我这些书都送给你！"老先生见这孩子如此执着，于心不忍，想要借难题让他打退堂鼓，免得他太过伤心。

"好！先生请讲！"一听先生要出题，杨辉一下子就振奋起来。

"听仔细了。有一块长方形的田地，面积是八百六十四平方步，长与宽相差十二步，问长与宽的和是多少步？你回去慢慢算吧，什么时候算出来了，再来找我吧！"说完，老先生就背着手回屋去了，想着这小子今天一定算不出来，便会知难而退了。

谁知，就在老先生准备闭目养神，稍稍打个盹的时候，杨辉兴冲冲地跑了进来："老先生，我算出来了！长与宽的和是六十步，不知道对不对？"

"什么？"老先生着实被吓了一跳，才片刻功夫，居然就算出了正确答案，这孩子实在是不能小觑！妙哉！妙哉！我大宋能有如此算术奇才，实在是令人高兴！

"孩子，你是怎么算出来的呢？"老先生好奇地问道。

"先生请跟我来！"杨辉将先生带到了屋外的空地上，地上细碎的沙石间，一个奇怪的正方形图案惹人瞩目。这张图由五部分组成，中间是一个小正方形，周围环绕着四个长方形。

"先生，您看这张图！由于长方形的长与宽是不相等的，仅知道面积和两者的差值来求解想必是比较复杂的，要是能转化成正方形这种四边相等的图形，就能化繁为简，省下很多时间。"杨辉一边说，一边拿树杈指着地上的图案。

"我把四个长方形交错围在一起，就构成了这个正方形。这个正方形很特别，它的边长就是长方形的长与宽之和，而里面构成的小正方形又恰恰是长方形的长与宽之差。既然已经知道长宽之差是十二步，那么这个中间的小正方形的面积就是一百四十四平方步。而这个大正方形的面积就等于四个长方形的面积加上这个小正方形的面积，一共是三千六百平方步。最后，开平方得此大正方形边长为六十步，所以这个长方形的长与宽之和为六十步。"杨辉对着图形侃侃而谈，思路严谨，俨然是一个小大人。没想到这小小的脑袋里，有大大的智慧。

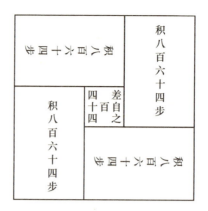

"高！实在是高啊！神算，刚才是老夫怠慢了，敢问尊姓大名？"老先生被杨辉的聪明才智深深折服了。

"不敢当，不敢当，学生杨辉。"杨辉恭敬地答道。

终于，杨辉如愿以偿，借到了宝贵的算学书籍——《九章算术》《孙子算经》等宝典，他如获至宝，满心欢喜地回家了。

二、神秘洛书，有何"天意"？

相传在上古时期，大禹治水成功后，洛河中突然浮出一只神龟，背驮"洛书"献给大禹，上面有九个数字，大禹依靠此书划定天下为九州，又依此确立了九章大法，治理社会，天下太平。而这"洛书"自然也被蒙上了一层神秘色彩。

二十多岁的杨辉做梦也不会想到，他这样一个小小的芝麻官，也能有机会解密如此神奇的"洛书"。

知府衙门内，两边是青葱的翠柏，微风吹过簌簌作响，抬头望去，"明镜高悬"的匾额高高挂起，庄重威严。

肃静的府堂内，正中间摆放着一张长方形的桌子，知府正坐在中间，伏案工作，时而苦恼，时而喜悦，从白天到黑夜，总觉得时间不够用。

"杨辉，你来啦！来得正好，快请坐，快请坐！"知府见杨辉前来，连忙放下手中的工作。

"府台，这是今年新统计出来的收成情况，还请您过目。今年雨水欠佳，收成比往年要差许多，实在令人着急……"杨辉双手呈上账本。

"唉，这事确实令人担忧。不过，现在还有另一件更要紧的事情，需要你帮忙。"知府一边说，一边拿出一个精美的纸盒。

"昨日，相公派人送来一幅图，托我找寻能解此图者。你饱读诗书，又精通算学，大概只有你能解开此图的奥秘了！"

"府台，这实在是太抬举我了，下官定不负所托，竭尽所能。"杨辉恭敬地说道，从知府的手中接过了图卷。

夜色已深，杨辉快马加鞭，回到府邸。他顾不上吃饭休息，匆忙点上蜡烛，想要一探此图究竟。借着摇曳的烛火，轻轻拉开图轴，定睛一看，发现此乃传说中的"洛书"！

虽说早在儿时就曾在古籍中见过，但也只是当作一个传说故事，想不到真的有这种东西。如今受知府所托进行研究，实在是有点受宠若惊。杨辉是个明白人，他当然知道相公的用意。

史书曾记载"河出图，洛出书，圣人则之"。相传河图是伏羲从龙马身上得到的，洛书是大禹从神龟背上记载下来的，这两种神物的出现，都昭示着国祚昌盛、万寿无疆，实在是国之大幸，而能够得此二物并能解其奥妙者就是圣人。河图之谜，早在伏羲时期就已经被揭开了，伏羲正是根据河图演成八卦，后又为文王作《周易》之源。但洛书的谜底却一直未被真正发现，此次所托，必定是希望能解开谜底，保国势微弱的大宋江山稳固如初。

杨辉深知责任重大，废寝忘食，一遍遍地仔细观察"洛书"。

图上一共有九个图案，每一行有三个图案，总共有三行，且图案排列匀称，间距相当，形成了三横三竖的构图。每一个图案又由几个小圆点构成，有的是黑的，有的是白的，但同一个图案的颜色是统一的。

"会不会每一个小圆点代表一个数字？"杨辉思考着，并尝试性地数了数。"为何会出现黑白两色？不会是跟阴阳有关吧？"他又进一步猜测。"通常认为白色代表阳，黑色代表阴，阴阳结合，代表一切事物对立又相联的关系。点用黑白标注，或许对应的是阴阳之数吧？"他顺着思路，对应着"洛书"进行核验，正巧是奇数者为阳，偶数者为阴。"如此看来，完全可以把'洛书'看成是一个三行三列的九宫格，每个格子里有一个独立的数字。上为四九二，中为三五七，下为八一六。"他有些高兴，但紧接着有了更深的疑惑。

"其中有什么奥秘？这些数字为何要如此排列？"杨辉左思右想，凭着对数字的敏感，他很快有了自己的答案——这个九宫格里的数字，不论是横排、竖排、斜排，

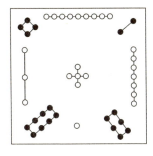

"洛书"与九宫格对照表

三个数字相加的和都是十五！

"太好了！终于找到规律了！"他一拍桌子，兴奋地跳了起来，随即又失望地低下了头。规律就在眼前，"洛书"实际上就是一个有独特数学规律的九宫格，可这并不是宰相想要的答案啊！

杨辉虽只是一位普通的官员，但却清楚地认识到：大宋江山岌岌可危，看似繁荣昌盛，实则暗潮汹涌，外有蒙古入侵，内有腐败奸臣，老百姓终日惶惶。朝廷以为若能一解神秘"洛书"之谜，以"天意"安定民心，便能保大宋国泰民安、四海升平。

真是荒谬啊！这张神秘的"洛书"确实奇妙，可要解读成"天意"实在是太过牵强。但若说这只是算学问题，只有这偶然间得到的规律，又缺乏说服力。这可如何是好？交不了差，可是要受到责罚的，必须想一个万全之策才好！

杨辉轻轻收起了图轴，藏于书柜中，他早已把这张图默记于心了。只要稍有空闲，只要是清醒着，不论是走在路上，还是躺在床上，他便启动大脑所有的细胞，思考这张神奇的"洛书"，希望能从中找到蛛丝马迹。

　　功夫不负有心人，他很快又有了重大发现——制作此九宫格的秘诀。首先，将数字"一到九"三个一斜排，成一个菱形。然后将上下两个数字对调，左右两个数字对调。最后再固定中间的数字，将另外四个未变动的数字向外挺出，将图形变成正方形。如此一来，数字九宫格就制作完成了！杨辉给这个图取了个新名字——纵横图，用以区分原本用圆点画成的"洛书"。

　　这可把杨辉高兴坏了，要是能找到方法制作出更大更多的"洛书"，岂不是能证明这确乎是一门算学艺术，而非所谓的"天意"？

　　很快，他制作出了四阶纵横图、五阶纵横图、六阶纵横图……十阶纵横图！这个消息很快传到了知府的耳朵里。

　　"府台，您来啦！有失远迎！"杨辉见知府亲自前来，慌忙起身。

　　"言重了，是我不请自来，想来看看你研究'洛书'的成果！"知府径直走向了书桌，看到了杨辉桌边一叠的卷纸，料想是已经有答案了。

　　杨辉忙呈上了近日的研究成果："府台，您请看，这便是我的研究成果。'洛书'实际上就是一种数字规律，横排、竖排、斜排的三个数字相加都等于十五。我还发现了一种简单好记的绘制口诀——九子斜排，上下对易，左右相更，四维挺出；戴九履一，左三右七，二四为肩，六八为足。另外，我还……"杨辉一五一十、恭恭敬敬地答道。

　　"且慢，你是说'洛书'不是上天的旨意，而只是一种算学？这怎么可能？"知府一边看着杨辉拿出的图纸，一边质疑道。

"确实如此，下官实在是不敢欺瞒，我还根据规律发现了更多的'洛书'，以此证明其确实只是一种数学规律。府台请看这张图，横排、竖排、斜排的十个数字之和全部等于五百零五。"说罢，杨辉拿出了一幅巨大的图轴，上面画着的是一幅十行十列的十阶纵横图。

知府接过图卷，目不转睛地看着，半晌都没有发话。一会嘴里嘟囔着像是在进行计算，一会长叹一声，像是怕违拗了圣旨。渐渐地，他紧缩的眉头慢慢舒展开来，仿佛终于洞察了其中的奥妙。

"谦光兄，你果然是算学奇才啊！既然这'洛书'当真只是些数字规律，而非'天意'，那你这些图卷都必须给我一份，我才好去回禀相公。"

终于，知府带着满满一箱的图卷，心满意足地离开了，杨辉不由得也轻松起来。可是一想到这几日心惊胆战，就感到无比后怕。既不想诓骗百姓伪造"天意"，又不想因不解"天意"而银铛入狱，这实在是令人烦忧。

算学若能作为一门学问，普及推广起来，用科学的方法解释那些神秘现象或疑难问题，那该多好啊！

此时，一个与算学有关的伟大想法已经在他心中生根，只等破土发芽之日了。

当然，神奇的"洛书"并没有随之失去魅力，相反，"洛书"作为一种三阶纵横图，像一把钥匙，打开了多阶纵横图的大门，成为组合数学当之无愧的鼻祖。

自从杨辉破解了"洛书"的神秘性，给出了绘制纵横图（亦称为"幻方"）的一般规律，许多学者都对其产生了浓厚的兴趣，明清之际亦有学者对其进行研究，如明人王文素的《算学宝鉴》（成书于 1524 年）记录了多种纵横图。位于地球另一端的欧洲大陆，著名数学家欧拉等人也对其产生了研究兴趣。哪怕是到了现代社会，纵横图也被许多人所迷恋，其衍生出的许多数学思想、科学方法，也广泛地应用于计算机、艺术设计、人工智能等多个领域，可谓历久而弥新。

三、"杨辉三角"的前世今生

春日迟迟，卉木萋萋，沉寂了一个冬日的花草树木开始焕发出新的生机，不起眼的小土丘也变成了一幅五彩斑斓的画卷。漫山遍野的桃花如少女般明艳，层层叠叠地从这座山头绵延到那座山头。青青河畔，春水如蓝，滋养着万物，连嫩绿的芦苇也一下子窜高了好多，柳絮如云似雪，乘着风儿飘落人间，飘进千家万户，也飘进了杨辉的府邸。

只是可惜了这般春景，杨辉已经一连数日没有出门了。阳光甚好，分明是一个踏青出游的好时节，可杨辉却像是被什么东西禁锢住了，把自己关在了书房中，整日与书为伴。大门不出，二门不迈，仿佛过起了隐居的日子。

"啊，终于大功告成了！"杨辉大笔一挥，在墨绿色的封面上，郑重其事地写下了六个大字——《详解九章算法》。放下手中的毛笔，他不禁长叹一声，欣慰地笑了。

这一年，是南宋景定二年（1261），杨辉完成了人生中第一部算学著作，踏上了数学教育家之路。

　　自从那年解开了神秘的"洛书"，杨辉就意识到提高老百姓的算学水平一事已经刻不容缓了。他重新翻开了儿时那位老先生送给他的《九章算术》，破旧的书角诉说着曾经陪伴自己的一个个日日夜夜。这本书大约成书于公元一世纪左右，相传是由张仓、耿寿昌撰写的，魏晋时期的数学家刘徽为其作了注，后来又有唐代李淳风等人进行注释，到了北宋时，贾宪又做了更深入的研究和补充，并作了《黄帝九章算法细草》，可见其历久弥新、广为流传。

　　此时杨辉手中的这一本书，便是集百家之长的最新版本，是凝聚了无数前人心血的巨作。从农业土地面积计算到谷物粮食的比例计算，从问题提出到思路解答，从方程解法到三角形的性质……一遍又一遍，每读一次都能让杨辉看得如痴如醉，每一次都能有新的发现。

　　而最让杨辉印象深刻的，便是贾宪绘制的一个"三角形"——开方作法本源图。

　　这个小小的图形，乍一看就是一个由数字堆砌而成

的普通三角形。可仔细一瞧，里面却装着大学问！首先，我们可以用一个固定的、简单的模式来生成这个三角形，可以想象第一行一共有三个数字，中间是"一"，两边是"〇"，第二行则是将两个数字相加，得到两个"一"，同理，可以一步一步往后推演。其次，这个简单的图形是解决指数为正整数的二项式展开式的系数表，即二项式a+b乘方后展开式的系数表。

$$(a+b)^0 = 1$$ 1

$$(a+b)^1 = a+b$$ 1 1

$$(a+b)^2 = a^2 + 2ab + b^2$$ 1 2 1

$$(a+b)^3 = a^3 + 3a^2b + 3ab^2 + b^3$$ 1 3 3 1

$$(a+b)^4 = a^4 + 4a^3b + 6a^2b^2 + 4ab^3 + b^4$$ 1 4 6 4 1

$$(a+b)^5 = a^5 + 5a^4b + 10a^3b^2 + 10a^2b^3 + 5ab^4 + b^5$$ 1 5 1 1 1 5 1

$$(a+b)^6 = a^6 + 6a^5b + 15a^4b^2 + 20a^3b^3 + 15a^2b^4 + 6ab^5 + b^6$$ 1 6 1 2 1 6 1

这个奇特的三角形，让原本难以记忆的二项式展开式变得轻松起来，当然，它主要是用于开方术。这些数字的变化，逻辑的推演，都让杨辉一次一次感受到了算学世界的奇妙。

他决定自己写一本关于《九章算术》的详解书籍，把自己这些年来的所思所得记录在册，方便读者查阅，揭开算学世界的神秘面纱。

这个神奇的"三角形"，自然是要写进书中的，除此之外，杨辉还对《九章算术》中的诸多问题进行了归纳、总结、创新。在编排上，杨辉采用大字将贾宪的算法、细草（图解和算草）与自己的详解明确区分开来，方便读者进行学习研究。更值得一提的是，杨辉选取了与《九章算术》中题目算法相同或类似的问题作"比类"分析，并在前人的基础上，选取了重要的八十问作进一步注释，加入了自己的发现与见解。最后，他突破了原本《九章算术》的分类格局，按照解法的性质，重新"纂类"，分为乘除、分率、合率、互换、衰分、叠积、盈不足、方程、勾股等九类。

看着沉甸甸的书卷，这些年来的点点滴滴都真真实实地变成了白纸黑字，这一刹那，杨辉感受到了无穷的力量，是对自己这些年来学习研究的交代，也是历史赋予他的使命。这颗梦想的种子已经破土发芽，慢慢长大——开启民智的重任，已经有了新的篇章。

要是能搭乘一艘穿越时空的飞船，看一眼未来，杨辉大概率会热泪盈眶，这一切的付出是多么值得！

数百年后，贾宪的原书已佚，人们便只能靠着杨辉的《详解九章算法》的残稿来探索当时的数学宝藏。许多人便称这个最初由贾宪绘制的"三角形"为"杨辉三角"，无数后人也开始研究"杨辉三角"的更多数学秘

杨辉
《详解九章算法》书影

密，有文献传世的就有元朝数学家朱世杰，他撰写的《四元玉鉴》（成书于1303年）一书就将"贾宪三角"扩充成了"古法七乘方图"。

文明的曙光如星星之火，在世界各地播撒希望。公元1623年以后，在地球的另一个文明发祥地——欧洲大陆，法国数学家帕斯卡也发现了这个神奇的三角形，他在代数研究的过程中，发现了二项式展开式的系数规律，并发表了多篇有关算术级数及二项式系数的论文，当地人为了纪念他，将这个三角形命名为"帕斯卡三角"。

20世纪以来，全世界的人们开始逐渐了解到，这一发现最早起源于中国，故也亲切地称呼它——"中国三角形"。这回，杨辉的《详解九章算法》一书可真是立下了汗马功劳，功不可没！

四、"算术"，经济生活中必备的知识技能

"先生，门外有位远道而来的商人想要见您。"仆人来报。

"商人？想必是遇到什么难题了，那请他进来吧！"杨辉忙放下纸笔，一边说着一边起身走出书房。

未见其人，便闻其声："杨先生，我可算是见到您了！"一位身着粗制苎麻大褂的男子匆匆走了进来，风尘仆仆，一看就知道是远道而来的。

"真是打扰您了，杨先生，鄙人姓陈，来自吴兴，想到离临安不远，便想着来跟您亲自请教一番！"这位三十岁上下的青年声音洪亮，有着壮实的臂膀和小麦色的皮肤，上上下下打扮得朴素大方，但身上一些不起眼

的配饰却悄悄透露出其不错的生活状态，这很可能是一位商人。

"请讲。"杨辉抬手示意，两人落座。

"杨先生，我家祖祖辈辈都是做布匹生意的，从小耳濡目染，长大了便接管了一部分家族产业，十几年来都是勤勤恳恳，不说是大富大贵，但也算是顺风顺水，没出过什么岔子。可是这几年，尤其是这几个月，战事频繁，物价飞涨，蚕丝、苎麻、棉花的价格也随之上涨，我们布匹的价格自然也是水涨船高！如此一来，原本的价格就要涨上十倍、几十倍，常常让我们应接不暇，有时候多算，有时候少算，实在是头疼。"

果然如杨辉所料，对方是来请教算学问题的。他脑海中一下子出现了无数个算学方法，整整齐齐地站立着，就像出征的士兵一般等着被召唤，去打一场漂亮的仗。

"陈先生，我猜是现在数字大了，计算起来不方便了？"

"是啊，杨先生真是慧眼如炬，我说了一大堆，您一句话就讲明白了！"布商不禁拱手作揖，暗自高兴起来，这回可真是找对人了。

算学本来就是杨辉的看家本领，别说简单的加减乘除，就是数字再大一些，也有的是办法。而眼前这位先生是生意人，简单的计算自然也是不在话下，但若是数字太大，计算起来很复杂，很费时费力，就会影响生意了。

杨辉思索了片刻，很快便想到了一种针对复杂数字计算的好方法。

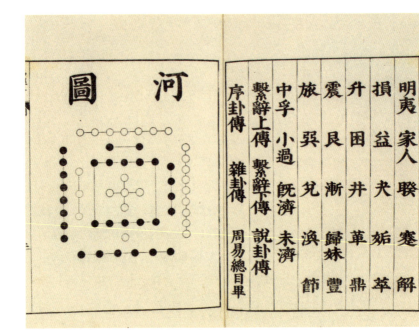

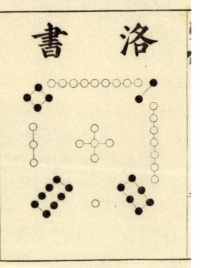

《易经》中的河图、洛书

"我有一个方法，或许能解你的燃眉之急。"杨辉不紧不慢地说道。

"我们可以在计算之前对较大的数字进行分解！举个例子，$237×8$ 直接心算比较困难，我们就可以拆解为 $237×（10-2）=237×10-237×2$，这样心算起来是不是会简单许多？"

"那像 $237×12$ 这样的，是不是可以分解成 $237×（10+2）$？"布商若有所思地计算着。

"没错，看来陈老板也是一位聪明人，一点就通啊！"杨辉喜上眉梢。

很快，杨辉就将自己的算术锦囊一一传授给了这位商人。闲聊之中，杨辉也了解到普通百姓对于算学的迫切需求。随着宋代商业经济的不断发展，大到各类商贾，小到普通庄稼汉，都需要用到算学知识，他们或是口耳相传，或是自己摸索，没有一套放之四海皆准的法则可以用来学习使用。就这样，在磕磕绊绊的算学路上，他们走了许多弯路，白费了许多工夫。而这些算学知识和技巧，对于算学天才杨辉来说，简直易如反掌，总结出来也不是什么难事。

送走了远客，杨辉陷入了沉思：有什么办法可以让普通老百姓掌握基本的算学方法呢？

五、一套"教科书"，算学轻松入门

"一一如一，一二如二，一三如三……九九八十一！"孩子摇晃着他的脑袋，有板有眼地背诵着。

"嗯，不错，这张九九合数终于背出来了！大家在记忆的时候，要去思考其中的规律，数字从小到大，这样记起来会更快、更准确！好了，我们可以进入到下一阶段的学习了！"杨辉捋着胡须，满意极了。

"先生，那我们接下来学什么呢？"孩子扑闪着大大的眼睛，好奇地问道。

"我们接着学……"

教室内，温暖的阳光透过窗纱，洒在陈旧的木头椅子上，落在孩子们的身上，也照进了每个人的心里，暖洋洋的，让人高兴。

杨辉看着这群天真烂漫的孩童，就仿佛看到了当年求知若渴的自己，也是这副懵懂天真的样子，也是这样好奇的心，也是这股子好学的劲。

自从那位布商走了以后，杨辉就常常在思考如何才能帮助百姓掌握基本的算学知识。这让本就对做官没有什么兴趣的杨辉，开始重新规划自己未来的人生。

他决定在《详解九章算法》的基础之上，继续编写一套书，一套普通人都可以学习的"教科书"。他一边写书，一边还应乡亲们的邀请，做了一名算学老师，这可把杨辉高兴坏了！每次上课，他都会早早来到学堂做好准备，听课的学生从零星的几个孩子到后来的邻里乡亲济济一堂，场面十分火爆！

"'相乘''商除'的方法我们已经讲得差不多了，今天的课就上到这里。我给大家留了几道习题，空闲的时候可以算一算，研究一下，不明白的地方要多动脑、勤思考。下一次上课我们就要开始学习有关乘除的替代算法了！"

"杨先生，我们还想继续学！今日下课早，天还未黑，不如再讲点吧！"有学生提议。

"是啊，先生再讲一课吧！我们还想听！"

杨辉停下了离开的脚步，看着大家期待的目光，甚是感动。他弯腰深深地鞠了一躬，以表感谢。然后不紧不慢地解释道："各位热爱学习是好事，但学习算学是一个过程，每一步都要稳扎稳打，后面才会越学越轻松，千万不能急于求成啊！这几次课的内容都比较简单，但大家课后消化理解也需要时间，只有举一反三，才算是掌握了精髓。若是今天继续往后学习，狼吞虎咽，看似学得多、学得快，反而欲速则不达啊！"

听罢此言，大家纷纷点头，就都告辞回家了。人群渐渐散去，只留下了杨辉一人。他望着窗外，夕阳下，波光粼粼的溪水灌溉着四周的农田，冬去春来，源源不断，看似平静无波，实则是润物细无声。他又一次牢牢地捧住了手中的讲稿，仿佛看到未来的某一天，人们可以不假思索地算出田亩的大小、粮食的重量、布匹的价格……或许不会有人知道，在江南的某个春日里，有一位先生花了大半辈子，撰写了一套"教科书"，但总有人会记得，这些书的名字。

南宋咸淳十年（1274），《乘除通变本末》正式问世，又过了一年，《田亩比类乘除捷法》和《续古摘奇算法》也大功告成。这是继南宋景定二年的《详解九章算法》和南宋景定三年（1262）《日用算法》之后，杨辉著述的又一次大爆发。

其中，《乘除通变本末》分为三卷，主要是论述用加、减替代乘、除的各种方法，并且为初学者制定了一套行之有效、循序渐进的习算纲目，相当于提供了一份数学学习计划书，使普通人也能高效学习算学。《田亩比类乘除捷法》是在《详解九章算法》的基础上，对平面图形的计算问题做了更深入的讲解，并且含有开方的运算方法和应用技巧。如果说，读了前两套"教科书"还觉得不过瘾，可以接着读《续古摘奇算法》，杨辉把这些年搜罗到的诸家算法奇题和一些旧书上偶然看到的题目

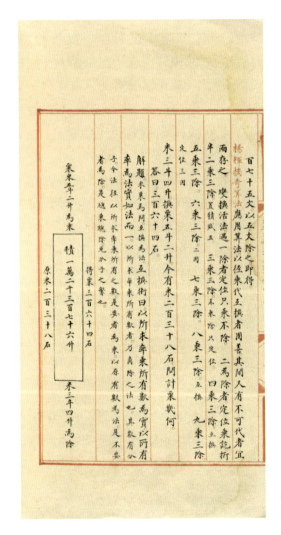

《永乐大典·算字》辑录的《杨辉摘奇算法》

统统记录下来，可以算是一本有趣的算学"课外书"。

很多年以前发芽的那颗种子，终于长成了参天大树，杨辉默默奉献着自己的一生。

很多年以后，人们谈论起杨辉，已经不记得他的生卒年月，也记不清他的官职，更记不得他的英俊面容。但是，每当人们提起他，都会亲切地称呼他——杨先生，以纪念这位伟大的数学家和教育家。

［人物名片］

杨辉，生卒年不详，字谦光，钱塘（今浙江杭州）人，宋代著名数学家。生活于南宋末期，曾担任过南宋地方行政官员，为政清廉，足迹遍及苏、杭一带。精通数学，为宋元四大杰出数学家之一。研究"纵横图"，成为世界上第一个排出丰富的纵横图和讨论其构成规律的数学家。著有《详解九章算法》，所载北宋贾宪（约11世纪）开高次幂方法及"开方作法本源图"，较中亚阿尔·卡西的类似图表（1427）及欧洲"帕斯卡三角形"（1655）皆早出甚多，被称为"杨辉三角"。又著有《日用算法》二卷、《乘除通变本末》三卷、《田亩比类乘除捷法》二卷、《续古摘奇算法》二卷。

参考文献

1. 郭熙汉：《杨辉算法导读》，湖北教育出版社，1996 年。

2. 孙剑编著：《数学家的故事》，长江文艺出版社，2017 年，第 154—159 页。

3. 杭州市科普作家协会：《影响世界的杭州科学家·古代篇》，浙江少年儿童出版社，2016 年，第 54—62 页。

4. [美]维克多·J.卡兹主编：《东方数学选粹：埃及、美索不达米亚、中国、印度与伊斯兰》，上海交通大学出版社，2016 年，第 341—345 页。

5. 钱玉林、黄丽丽主编：《中华传统文化辞典》，上海大学出版社，2009 年，第 336 页。

第五章

纲举目张，打造医书编撰的新模式

英爱自髫年，潜心斯道，上自《内经》，下至历代圣贤书传及诸家名方，昼读夜思，废食忘寝者三十余载，始悟千变万化之病态，皆不出乎阴阳五行。

——楼英《医学纲目》自序

一、学医，是命中注定的缘分

自打能记事开始，楼英就觉得自己家与别人家不同。

他的父亲有一间大大的书房，书架上永远都是整整齐齐的书卷，厚的、薄的、新的、旧的，楼英小小的个子一眼都没法看全，必须从下往上，从左往右，把小脑袋瓜念经似地绕一大圈，才能把父亲的书看个遍。

不论是墨水的淡淡清香，还是旧书卷散发的那一股子霉味，他都统统收下。这些味道仿佛有一种独特的功效，可以让淘气的楼英立马安静下来。只有五岁的小楼英自然还读不懂这些书，但是他喜欢陪着看书的父亲。

楼英的父亲名为楼友贤，是一名儒生，由于楼家世代行医，所以他也略微懂点医术，也会偶尔给乡亲们治点头疼脑热的病。白日里除了吃饭的工夫，楼友贤几乎都会待在书房里。小楼英自然也爱去书房，哪怕是搬个板凳在一旁坐着玩耍，也十分乐意。父亲每次看到小楼英跑进来，也一定会停下笔，和他玩耍一番。

如果小伙伴说他们也有这样的父亲，小楼英总是会气鼓鼓地说："我的父亲才是最好的！"但若说最让小楼英暗自骄傲的，则是他的母亲，一位温柔贤惠、知书达理的母亲。若是有人敢说也有同样的母亲，大概小楼英压根就不会理睬，因为他早已笃定，自己的母亲就是这世间最好的母亲。

小楼英的母亲除了照顾他的日常起居，还教他识字读书。小楼英四岁那年，母亲便每日教他认几个字，定期抽查考核。小楼英对识字很感兴趣，一笔一划认真地写着，眉宇间颇有点父亲的样子。

母亲察觉到这个孩子的与众不同：他不仅爱识字，而且一教就会、过目不忘，连笔画顺序都不曾出错，一看便知是个天资聪颖的孩子。这种天赋必须好好珍惜！于是，母亲开始尽心尽力地培养他，根据他的学习情况给他量身定制每日的课程，陪伴他，教导他。

很快，楼英就能独自看书了。闲下来的时候，他就喜欢往父亲的书房钻，拿着板凳作梯子，沉浸在卷帙浩繁的书海里。

他好奇地问父亲："爹爹，为什么我们家有这么多书？"

"这些书啊，不是我一个人的，这可是咱家祖传的宝贝。你看啊，这一排的书是你曾祖父留下来的，他通晓经史、天文、历律、地理、医药，是一位江南名医。你再看那一排，那是你祖父留下来的，他也好读书，通经、史、医、卜之学。剩下的基本都是我的书，这几本是我刚从书铺淘来的旧书，还没看呢！"楼友贤指着书架，给小楼英一一介绍，兴致盎然，仿佛在指点着自己的江山。

"原来是这样，怪不得有这么多书！原来是我们家一代一代传下来的。"

"是啊，我们楼氏的祖先在唐末就跟随钱镠南征北战，到如今定居在这风景秀丽的杭州萧山，一路走来可不容易。这些书全是宝贝，你长大后要好好研读。"父亲摸了摸楼英的小脑袋瓜，对他寄予了厚望。

楼英渐渐长大，终于不用再搬凳子作梯子了，也如父母期望的那般勤学好思。七岁开始，他秉承母训，受读《内经》，寒来暑往，没有一天落下功课。他还博览医书，十岁开始便能给乡亲们诊脉。十一岁起，他开始学习小学、四书，一览成诵。街坊邻里都知道楼家出了一位小神童。

大家都以为，学而优则仕，为官造福一方百姓，对楼英来讲应该是顺理成章的事。

但楼英可不是这么想的。

相比于四书五经，他更愿意跟着父亲去家边上的百药山，那浑身长刺的苍耳、清香扑鼻的薄荷、鲜艳欲滴的野菊……每次去山里采药就有一种探险的快乐。楼英一边帮着父亲采摘，一边还要嘀嘀咕咕地问个不停，这是哪种药材，那有什么功效，不问清楚不罢休，直到夕阳西下，才恋恋不舍地回家。

自从父亲科举考试失利，便沉迷于这些药草，连带着也让楼英长见识了。父亲常常对他说："贫欲资身，莫如为师；贱欲救世，莫如行医。"这句话后来常常萦绕在楼英的脑海中，影响了他的一生。

楼英十三岁那年，母亲生了一场大病，脸色苍白，四肢无力，只能终日躺在床上。楼英看在眼里，急在心里，他寸步不离，耐心侍奉在侧。每次给母亲喂药，楼英都要自己先尝一口，看看烫不烫。这药非常苦涩，成年人都难以下咽，但楼英却没有一次落下这道程序，只想稍稍分担些母亲的苦痛。

过了半月余，母亲的病还不见好转，父亲也有些着急了。他连夜写了一封信给连襟戴士尧，希望能得到帮助。不出三日，戴士尧的儿子戴原礼就奉父命从婺州浦江赶来了。

戴原礼悉心诊治，不辞辛苦，来来回回跑了三趟。楼英的母亲在他的治疗下很快就好起来了，过了月余便痊愈了。这可把楼英高兴坏了。与此同时，他对医术高超的戴原礼也是敬重有加，萌生了想要学医的念头。

为了感谢戴原礼的救命之恩，父亲准备了一桌子的好酒好菜。饭后，楼英突然站了起来，深深一礼谢过戴兄，继而言辞恳切地对父亲说道："爹，我想和戴兄一样治病救人，我也想学医！"

"我这点水平可教不了你，这事你可得问问戴兄的意思了。"父亲一边笑着，一边望向了戴原礼。

"哈哈哈哈，不敢当不敢当，我也只是初出茅庐，略懂一二。当然，教你入门是绝对没问题的！"戴原礼一边回礼一边笑道，觉得这孩子挺有意思的。

从此，楼英真正地走上了学医之路，这仿佛是一种命中注定的缘分。不论是儿时不经意间翻阅到祖父的医书，还是长大后被母亲要求学习《内经》，抑或是后来在百药山的快活日子，冥冥之中，楼英早已爱上了医学。

二、博采众长，师古不泥，丹溪之学的私淑者

楼英将自己平时看书遇到的问题，以及给乡亲们治病时遇到的难题，一一向戴原礼请教，每次都能得到满意的答复。

其实这也不奇怪，戴原礼的父亲与"金元四大家"之一的朱丹溪是挚友，很小的时候，戴原礼就得幸拜朱丹溪为师学医，师出名门，解决这些小问题自然不在话下。交流之时，戴原礼也会毫不吝啬地分享师父所传授的一些医书药方和诊治经验，这给了楼英很大的帮助。楼英后来的学问也颇受丹溪之学的影响，可以说是一名丹溪之学的私淑者。

但是，楼英并不满足于向戴兄求教，他心里藏着一个大计划——有朝一日，定要体验一下"会当凌绝顶，一览众山小"的感觉，成为一名医术精湛的大师。

于是，楼英每日上午例行为乡亲们诊治，下午就把自己关在书房里读书。他尤其喜爱读《内经》，可以说是百读不厌。他会根据自己的诊治经验在上面圈点标注，还找来别的医书进行比对，逐条研究，非常仔细。

遇到难题就记在心里，反复琢磨，直到想明白为止。连每次的家庭聚会都会让楼英办成医学研讨会，不仅是戴原礼，连父亲楼友贤，戴原礼的父亲戴士尧都会加入，以《内经》为依据，共同探究古代经典，这让楼英受益匪浅，迅速成长。戴原礼也由衷地称赞他"敏而好学，后

必有成"。

才二十出头,楼英的医术已经远近闻名了,他耐心地对待每一位病人,不论贫富,都尽心医治。时至今日,在萧山楼塔镇仍流传着这样一个神奇的故事。

一日,楼英行医归家,远远地就听到有人声嘶力竭地哭喊着。走近了才听清楚,原来是一户人家的女主人难产走了。楼英不禁停下了脚步,低下了头,默默致哀。

等出殡的人走远了,他才默默地继续前行。正在这个时候,他发现沿途有点点鲜红的血迹,像是从刚才的棺材里滴下来的。凭借着多年来的行医经验,他觉得这件事情有些蹊跷,便立马追了上去。

"等等,停一下,能否让我看看?或许还有救!"

众人都有点惊愕,这难道还能起死回生不成?大家都有点不敢相信。

"楼先生,我女儿是难产而亡,请的郎中都说没得救了,没得救了……"一位老伯伯泪流满面地说着,说着说着一屁股坐在了地上,痛哭起来。

楼英绕着棺材走了一圈,确实有鲜血从一侧缓慢浸出,他断定这女子还有一线生机。

"快把棺材打开,还有得救!快点!"他一改往常的温和,竟然大喊起来。

棺材打开,他诊治片刻,即从随身携带的药箱中取出一枚银针,一针扎下,女子有了微弱的脉搏,又一针下去，竟能听到婴儿的啼哭声，众人都围了过来，一起帮忙将孩子取出。随后，产妇也慢慢醒了过来。

一旁的老伯伯早就惊讶得说不出一句话，半天才回过神，长跪不起，对着楼英千恩万谢。

从此，楼英的名声更盛了，整个杭州城的人家都知道，萧山楼家有一位能妙手回春的神医。

随着十多年的勤学苦思，加之这些年来的行医经验，楼英不仅医术有了很大的提升，而且对医学这门学问也有了自己的独到见解。他从不拘泥于一家之说，而是博采众长，他不会唯书是从，而是亲自实践。他尊重前辈、尊重经典，但他更敢于提出质疑、指出不足。

他在临证运用上，强调应当根据病患的具体情况，辨证施治，随症加减，不必拘泥于前人之说。他在阅读金代著名医学家刘河间的《素问玄机原病式》一书时发现，作者以《内经》"病机十九条"立言，却遗漏了"有者求之，无者求之，盛者责之，虚者责之"这总括性的十六个字，这句话讲的是如何去运用"病机十九条"，没有这句话作为指引，就如同航船没有舵手，军队没有将领，在诊治病患的时候容易迷失方向，伤人性命。

看上去毫不起眼的问题，却暗藏着危险。研读医书往往是许多人学医的必经之路，也是很多儒士的一项爱好。普通人读到此处，很可能发现不了问题，或者是出现疑问也不做深究，一般来说也不会误事。但若是学医者被误导，诊治之时很可能会酿成大错。这让楼英非常担忧。

三、兵荒马乱中诞生的圭臬之作

元至正十七年（1357）正月己丑，杭州突降黑雨。

深夜的寂静被暴雨完全打破，仅仅过了一个时辰，河道内的水就全变成了黑色，让人感到压抑、恐慌，不祥之感像瘟病一样在小镇上弥漫开来。战事愈来愈频繁了，逃难来的人诉说着恐怖的见闻，人们个个行色匆匆，脸上透着慌张与忧虑，不知道什么时候战事会蔓延到这里来。

好在，此地还算得上宁静。这里群山环绕，地势险要，易守不易攻，在这兵荒马乱的世道，独撑着一个世外桃源，有一处静心之地。

任外界风云变幻，我自初心不改。也就是这一年，楼英做了一个重要的决定——著书立说以传后世。

研读的医书越多，越会意识到问题的存在。历代的医学典籍，或多或少都有些纰漏与错处，也有重复累赘之处，且文献流通本就多有不便，各家名医的思想分散在不同的著作中，初学者很难一一阅读。若是能写一本汇总类的书籍，方便后世学者，岂不是一件美事？

其实，楼英内心确实早有此打算，但能下定决心去做这件事，还得感谢戴原礼的鼓励。

这一年的冬天，戴原礼来信，相约一聚。

此时，楼英正隐居于仙岩山上的清燕楼内制药研医。清燕楼原是一间不起眼的石屋，是楼氏祖先建造用以藏书读书的。楼英幼时读书时，便和哥哥来过此地。在层峦叠翠之中，隐约能见灰黑色的屋顶，一条曲曲折折的羊肠小路为行人指明了方向。每日清晨，乳白色的云雾像游龙般跃动，将石屋层层环绕，真是人间仙境。

"戴兄，终于来啦！快请坐。这一路辛苦了，你竟还记得这里。"距离上一次见面已经半年多了，楼英按捺不住内心的喜悦，忙沏上热茶。

"我这一路走来，一路鸟语花香，此地甚美，还是和从前一样，难怪你要躲在这里看书呢！贤弟近日可好？又在研究什么药方了？"戴原礼闻着药香，不禁转头望去，只见屋内一角正摆着一排排新摘的药草。

"没忙什么，还是那些花花草草。说起书，我最近倒是迷上了张仲景的《伤寒论》，觉得他总结的辨证论治非常独到……"这一谈到专业领域，楼英就停不下来，滔滔不绝地说起了自己的见解。

戴原礼时而认真倾听，时而表示赞同，时而略抒己见，两人相谈甚欢。

离别之际，戴原礼捋了捋胡须，笑言："贤弟，数月不见，真令愚兄刮目相看啊！"

"哈哈哈哈，过奖过奖！在你面前真是班门弄斧了！"

"你读了这么多书，又有这么多感悟，何不写下来呢？我觉得以你的才华，写的书一定会大受欢迎的。依我看，你研究《内经》多年，不如就以《内经》等书为本，写点文章吧。"

戴原礼此语一出，瞬间点醒了楼英。

这天夜里，楼英暗下决心，要写一部与众不同、独一无二的好书。至于书该如何写，他暂时还没有头绪，只是内心有了这样一个目标，凡事都变得清晰起来。

他将石屋里的书分门别类，重新整理了一遍。哪些书比较有价值，哪些书不过是东拼西凑没有什么含金量，他都一清二楚。

原本计划一边读书一边整理，可以着手写点东西。但在之后的短短几年里发生了许多事情，朱丹溪、父亲楼友贤相继离世，加之战事一度迫近楼塔镇，楼英不得不背着母亲逃难，这让他无法集中精力著书，此事就一直搁置了下来。

直到元至正二十二年（1362），楼英才得以安定下来，设馆授徒，并着手撰写著作。之后几年里，他潜心学术，著书甚多，堪称高产作家。

元至正二十四年（1364），读《易经》，领悟消长盈虚之理，著《守分说》以警世。明洪武四年（1371），校勘名医李东垣、朱丹溪的不传之秘。洪武八年（1375），著《江潮论》。洪武九年（1376），著《周易参同契药物火候图说》，是一本以《周易》、黄、老三家理论注解制药炼丹等的著作……

他享受此地的片刻安宁，不禁发出了这样的感慨——

"清燕楼是我的居所，我在这里校勘古籍、研制药物，我在这里侍奉我的兄长，祭拜我的祖宗，我在这里会见我的朋友，教育我的孩子，我将在这里走完我的一生。"

光是这些著述，就已经足够让楼英永载史册了。更让人没有想到的是，他同时还在筹备另外一部大作——《医学纲目》，一本被后世医者奉为圭臬的巨著。

这本书已经在楼英脑海中酝酿了无数个日日夜夜。他被千百年来的名家典籍深深吸引，渴望将这些精华汇集成册；他深知普通医者寻觅古籍的艰辛，愿意将自己的宝库留给世人。他立志要撰写一部包容各家学说且条理清晰的医学著作。

他曾写下：

"世人得一秘方，往往靳而不以示人，盖欲为子孙计也，吾今反之，将以惠天下，而非求阴骘也。"

用今天的话来讲，大致是说：世上的人们得到一个

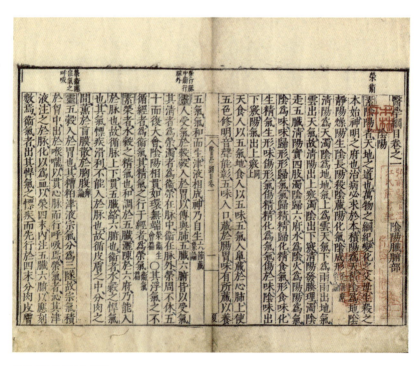

楼英《医学纲目》书影

秘方，往往就会藏着掖着，不愿意告诉其他人。这大概也是为了子孙考虑，希望能一脉相传，靠此为生。我却要和他们不同，我想要惠泽天下，而非求自己的阴德。

惠泽天下，造福百姓，这种不同于流俗的济世情怀，便是楼英撰写此书的初衷。

《医学纲目》一书最独具创造性的地方，楼英已经在书名中点明。"纲目"二字，即为此书最大的亮点。前代书籍往往是作者根据自己的研究方向专门讲解某一领域，设置章节，一一叙述。章节名称抽象者居多，且前后章节名称之间缺乏明显的逻辑关系。读者往往需要从头读到尾，才能完全理解其内容，无法满足快速查阅的需求。

《医学纲目》一书则在编纂体例上独辟蹊径，全书以脏腑分类为纲，共分为阴阳脏腑、肝胆、心小肠、脾胃、肺大肠、肾膀胱；伤寒；妇人、小儿、运气等十部。每部之中，对于不同的病症，治法和方药都有所区别。治法皆以正门为主，支门为辅。如果门类分上下，则其上皆《内经》的原法，其下为后贤的续法。将这些逐一列举，读者就可以一目了然地看出其中的异同得失，从而能做到触类旁通、了如指掌。可以说是纲举目张，条分缕析，简而有要，繁而有条。《医学纲目》的撰著，是一次对金元前医药典籍的有序收集和系统归纳，实为医学类书中最有法度者。

约两百年后，著名药学家李时珍，也借鉴了这种分纲列目编排病症的方法，写出了药学巨著《本草纲目》。一医一药，这两本纲目成为明代医药学的圭臬之作，对后世影响深远。

醫之為學其道博其義深其書浩瀚其要不過陰陽五行
而已蓋天以陰陽五行化生萬物其賦於人身者陰陽之
氣以為血氣表裏上下之體五行之氣以為五臟六腑之
質以是人身具足而有生焉然陰陽五行之氣以運五臟之
質由是人身具足而有生焉然陰陽五行之氣錯綜之
無厚薄少之殊故察陰陽五行之氣厚者壯能
而無病薄者有病陽多者火性急而形
瘦陰多者濕多性緩而形肥陽少者氣虛而易
於外感陰少者血虛而形上虛下虛而易
感易傷之軀狥情縱慾不適寒溫由是正損邪客而陰陽
臟腑愈虛愈實或寒或熱而百病出焉故診病必先分
別血氣之虛實表裏上下臟腑之分野以知受病之所在次察所
病虛實寒熱之邪以治之務在陰陽不偏傾頗簡

補瀉隨宜通其病所使之痊安而已然其道自軒岐而下
仲景許叔微感於表裏陰陽丹溪獨內傷於血氣虛實東垣
之法異四君治血虛之熱也四物治血虛之熱也白虎治
氣實之熱也補中治氣虛之熱也麻黃治表熱也承氣治
裏實熱也四逆治假熱也柴胡治其肯滋黃治赤瀉白滋
腎瀉黃治五臟熱而各異也各用洞燭脈證而中其肯綮
則皆效其或實用虛法虛用實法表用裏法裏用表法其
用假法假用真法泛用古今之方妄試疑似之病每致夭橫者不
不悟是理泛用古今之方妄試疑似之病每致夭橫者不

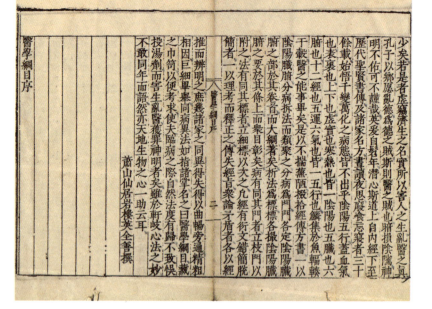

少矣若是者虛瀉濟生之名實所以害人之生亂醫之真
孔子以鄉愿亂德為德之賊斯則醫之賊也雖心胏損陰隲神
明不佑可不懼或英爰自壯年潛心斯道上自內經下至
歷代聖賢書傳及諸名方書讀竟覃思凝食忘寢者三十
餘載始悟千變萬化皆不出乎陰陽五行又虛實寒熱之病態皆
也表裏上下也五運六氣也皆一五行也五臟也六
腑也十二經也五運六氣也皆一五行也
干載醫之能事畢矣以不揣蕪陋掇拾經傳方書以一
陰陽臟腑分病拆法以類聚之分病為門門各定陰陽臟
腑之部於其卷首而大綱彰矣於其門標之撮陰陽膀胱
肺之要於其條上而聚目彰矣病有同其門者立枝門以
附之法有同其條者立細標以大之凡經有行文錯簡脫
簡者一以理考而釋正之傳失經言眾論予庸者各以經

推而辨明之庶幾諸家之同異得失以得以曲暢旁通精相
相因巨細畢舉同病異法如指諸掌名之曰醫學綱目藏
之巾笥以便考求使夫臨病之際自然法度有歸不致恍
投湯劑而害生覆轍神明者矣雖於軒岐心法之妙
不敢同年而語然於天地生物之心一助云耳

蕭山仙居岩樓英全善撰

楼英就这样隐居山间，与清风明月相伴，与书籍药草为友，不紧不慢地著书，一直在仙岩山里过这般与世无争的日子。

四、巧用"药引"化险为夷，还差点入职太医院

只是，酒香不怕巷子深，医高不怕仙山高。

楼英高超的医术早已传出了仙岩山，传出了楼塔县，传出了杭州城，传到了明朝开国皇帝朱元璋的耳朵里。

建国伊始，百废待兴，朱元璋广纳贤才，命各个地方官员举荐贤才，委以重任，楼英自然也成了地方官争相举荐的对象。

明洪武十年（1377），朱元璋大病了一场，御医们久治不愈，于是朱元璋想起了这位隐居深山的神医，命其速速前来为他医治。

楼英果不负盛名，三剂药下肚，朱元璋的病就好了一大半，再过三日，竟然痊愈了。朱元璋大喜，赏赐了楼英许多奇珍异宝。为了防止病症反复，又命楼英留宫半月。

一天夜里，楼英正在宫内闲庭漫步，欣赏着皇宫内的别样月色。

突然，一名侍卫从茂密的树林中钻了出来："楼先生！"可把楼英吓了一跳。这天色已晚，匆匆前来必有要事，楼英心里已经有了准备。

"楼先生，大事不好了！"这小侍卫大概是老远跑来

的，上气不接下气地，一句话都得拆成了两句说。

"你慢慢讲，讲清楚。"

"楼先生，皇后突然病了，烦请您赶紧跟我走一趟。"果然，楼英心里想着，这前脚治好了皇上，后脚皇后又病了，看来回去著书这事又得缓上一阵子了。还是救人要紧，楼英不觉加快了脚步。

皇后的寝宫，灯火通明。门口已经跪了一排的侍从。皇后痛苦的呻吟声时起时伏，听着让人揪心。进到屋内，只见里三圈外三圈，都围着御医，大家也都不吱声，低头站着。

"皇上，楼先生来了！"侍从传报。

"楼英，快请进来。"

原来皇帝也在，看来这病有点严重了，楼英暗自揣测着。

"皇上，皇后，万安。"

"快快请起，皇后今日午饭后突然身体抱恙，朕命这些御医来诊治，看看都治成了什么样子？不仅没治好，反而更严重了！幸好你还在宫内，赶紧看一看吧。"难怪门外的御医们各个都战战兢兢，看来是没少挨骂。

楼英定了定神，仔细观察了起来。皇后脸色发黄，眼袋浮肿，面露疲态，且脉象虚弱无力，是脾胃虚弱之症。为确保无虞，又仔细询问了近日的餐食情况和日常起居的异样，以便再次印证自己的判断。

确定无大碍后，楼英紧绷的神经才放松下来。

"回陛下，皇后身体并无大碍，主要是脾胃不和引起的抽搐疼痛。草民这就开药，服下后便能好起来。"

楼英回完皇上的话，正准备开方子。可转念一想——不对啊，这病不比皇上的病那么复杂，这种脾胃不和的毛病是常见病，御医怎么会治不好？于是，他转身对皇上说道："陛下，之前的御医也诊治过了，想必也开了方子，可否借草民一观？草民担心药性相克，引起不必要的麻烦。"

皇上一想此言在理，立即命人呈上方子。

果不其然，御医们也认为皇后是因脾胃不和而生病的，只可惜他们开的药方尽是些人参、鹿茸、灵芝之类的大补之药。皇后本就是因为食用了过多的山珍海味，加之本身体质虚弱，从而导致脾胃不和，这大补之药显然是与之背道而驰的，病症加重便也在情理之中了。

按理来说，此症并非疑难杂症，因多食而引起的脾胃不和之症是很常见的，只需用大黄、莱菔子之类的普通药材便可治愈。而御医们却只知脾胃不和之现象，不去深究病因，开了一张满是名贵药材的方子，实在让人疑惑。

莫不是贵人难医？楼英有些困惑，他抬起的笔又搁下了。

正在这时，他突然瞧见了皇上腰间佩戴的那块晶莹剔透的玉佩，亮晃晃的，让人很难不注意到。

何不取玉石为药引?

玉石，具有"除中热、解烦闷、助声喉、滋毛发、养五脏、安魂魄、疏血脉、明耳目"等功效。而所谓"药引"，即引药归经，指某些药材可以引导其他药材发挥药力，直达病变的部位或经络，有向导之妙用。皇后因食多而积滞，必生内热，以玉为引，正合病机。

楼英决定以皇帝之玉佩为药引，一方面可提高药材的药力，另一方面还可抬高药材之身价，免贵人之心忧。

楼英上前一步说道："陛下，草民还有个不情之请。"

"讲。"

"此病虽无凶险，但若想药到病除，必须以陛下您腰间这块玉佩为药引。"

听到这话，皇上的眼神中飘过一丝犹豫，但随即迅速地取下了玉佩。"拿去，速取药来。"楼英这才写下药方——莱菔子三钱，皇上随身玉佩为药引子。写方的片刻，他瞥见皇后微微上扬的嘴角，便知此病已好了大半。

药很快就熬好端来了，皇后一股脑儿全喝了下去，大便通畅，很快就睡着了。第二日，楼英照例前来诊脉，只见皇后笑脸相迎，仿佛变了一个人似的，精神焕发。楼英知道此病已愈，嘱咐了几句就转身离开了。

朱元璋见楼英治好了皇后的病，对楼英是更加欣赏了，立即传旨任命楼英为太医。

可楼英的心思却根本不在这金碧辉煌的皇宫里，昨日才见着被痛批了一顿的御医们，这种唯唯诺诺的日子，楼英并不想过，他心里全惦记着写《医学纲目》的事。

可这皇恩总不能直接拒绝，楼英便称自己年老多病，上表申谢。皇帝多次挽留无果，才同意"以老赐归"。

五、虽不与世俱荣，亦不与时俱谢

回到家乡后，楼英很快又投入到写作当中。洪武十三年（1380），《医学纲目》终于基本完成，族人争相传抄，把此书作为学医的必修课本。但楼英并不满足于此，他还在不断地搜集最新的研究成果，日臻完善。

洪武十四年（1381），楼英又被举荐。而这一次，他依然拒绝了，他已决定不再参与这类举荐，只求安心行医著书，安享晚年。

"儿啊，爹这辈子的医术是上天的恩赐，如果不能弘扬，那可是有违天意啊！我现在年纪大了，腿脚不便，以后行医的事情就要你们多跑几趟了。"楼英看着已经成年的儿子们，各个朝气蓬勃，学有所成，欣慰极了。

楼英的晚年几乎都是在清燕楼度过的，全力以赴地完成巨著《医学纲目》的定稿工作。

在这本书里，楼英毫无保留地吐露毕生心得："英爰自髫年，潜心斯道，上自《内经》，下至历代圣贤书传及诸家名方，昼读夜思，废食忘寝者三十余载，始悟千变万化之病态，皆不出乎阴阳五行。"

洪武二十九年（1396），六十五岁的楼英终于完成了《医学纲目》的修订工作，完全定稿。定稿之夜，楼英梦见了许多故人，慈祥的母亲、严格的父亲，甚至远在京城为医的戴兄，他们都在向自己表示祝贺。

著成此书，乃是楼英这辈子最骄傲的事。

晚年的楼英疾病缠身，已经不能再行医问诊了。但他还是保持着对医学的热爱，他还爱上了写日记，以日记记录自己的读书心得。

明建文二年（1400）十一月十九日，六十九岁的楼英永远地闭上了眼睛。次年十月初，葬于今楼塔镇的乌珠荡山脚。

六百多年来，乡人缅祭不绝，楼英的事迹也一直被广为传颂，成为一种文化精神，当地人们都尊称他为"神仙太公"，并塑造了神像来供奉他。

楼英引以为傲的《医学纲目》也被后人不断翻刻，

楼英纪念堂

时至今日，依然是研究中医学的重要参考书。他的医术不仅被儿子楼宗望继承和发扬，而且在楼氏后人中，代有传人。

"虽不与世俱荣，亦不与时俱谢。生前甘于淡泊，身后流芳百世。"楼英虽未能在仕途之路上建功立业，却在自己深爱的领域内杏林留名，这是一种缘分，更是一种选择。

[人物名片]

楼英（1332—1401），字全善，明浙江杭州萧山人。出身医学世家，精通医学，尤善医理、易理，好研习《内经》及其后历代著名医家著作，与同时代名医戴思恭交往甚密，互相砌磋，医术益精，医理更明。曾应召入京，后以老辞归。著有《医学纲目》《气运类注》《仙岩文集》等。2009 年 4 月，楼英祠堂及墓葬被杭州市人民政府公布为市级文物保护单位。

参考文献

1. 楼英编撰：《医学纲目》，阿静等校注，中国中医药出版社，1996年。

2. 王姝琛编著，潘桂娟主编：《楼英》，中国中医药出版社，2017年，第3—14页。

3. 周明道纂辑：《楼英研究》，中华全国中医学会浙江省绍兴市分会，1986年，第1—9页。

4. 杭州市科普作家协会编著：《影响世界的杭州科学家·古代篇》，浙江少年儿童出版社，2016年，第64—71页。

5. 张㧑之、沈起炜、刘德重主编：《中国历代人名大辞典》，上海古籍出版社，1999年，第2395页。

6. 朱定华：《楼英与〈医学纲目〉》，《中医药发展与人类健康——庆祝中国中医研究院成立50周年论文集（上册）》，2005年，第414—419页。

7. 周明道：《楼英与〈医学纲目〉》，《浙江中医学院学报》1986年第5期，第32—33页。

8. 郑洪：《历史文本演化下的人物形象变迁：以萧山楼英传记为例》，《中国地方志》2020年第1期，第46—54、125—126页。

天生创造派

H A N G

Z H O U

第六章

用『脑力』解放
『体力』的农民发明家

日日车头踏万回，重劳人力亦堪哀。从今垄首浇田浪，
都自乌犍领上来。

——王祯《农书·牛曳水车》

一、一场由"中暑"引起的风波

"单俊良！我们要去抓鱼啦！就等你了！你快一点咯！"

单俊良猛地抬起头，发现远处的田埂上，小伙伴们正在朝自己挥手示意。他这才想起来，昨日和小伙伴们约定今日傍晚时分要一起去抓鱼的。他有点不好意思，赶紧回话："再等等！还剩最后几行，我马上就来！"说完，就弯下腰更卖力地插秧了。

只见他左手拿着秧苗，右手迅速地从左手里捻分出几株，依次插入，待一行插满，移步后撤，不抬身子，动作非常熟练。很快，最后几行秧苗也插好了，间隔合理，整齐划一。

他擦了一把脸上的汗珠，一把扯了草帽，甩了甩脚上的泥水，穿上草鞋，飞奔而去，追上了小伙伴。

很快，欢乐的嬉闹声传遍了整个村落。

这个季节天气虽然已经非常炎热了，但也是孩子们最爱的季节。傍晚时分最是迷人，没有烈日高照时的酷热难耐，气温开始慢慢回落，有时还能感受到丝丝凉意。家家户户也都忙完了农活，准备生火做饭。这个时候，正是孩子们难得的嬉戏时光。

单俊良则是这个小团体的灵魂人物，他人如其名，不仅长得帅气俊俏，而且善良热心。

他十四五岁，和同龄人一般的个子，浑身上下都黑黝黝的，但仍然掩盖不了他俊俏的脸庞。他爱笑，笑起来的时候脸上会有两个浅浅的小酒窝，格外讨人喜爱。因为家境贫寒，他早早就跟着父亲下地干农活，可他从不喊累喊苦，而且总能在田间发现些有趣的玩意，哪里的蝌蚪最多，什么时候野菜可以摘，小小年纪的他一清二楚。小伙伴们自然也都喜欢和他玩，跟他在一起，每次都可以抓到最大的鱼、最美的蝴蝶，采到最鲜的果子，快乐极了！

不光小伙伴喜欢单俊良，大人们也都喜欢他。

他是村里出了名的"小机灵鬼"，做什么活都是一点就通，又非常热心，谁家缺少小帮手的时候，喊他准不会错。他不仅干活细致周到，还能说会道，常常金句频出，逗得大家开怀大笑。他对新鲜事物永远都充满着好奇心，小小的脑袋瓜里不知道藏了多少个"为什么"。但凡街坊邻居有什么新鲜玩意，他一旦知道消息，就算是在吃饭的时候，也会放下碗筷立刻跑出去，一定要看个明白、问个清楚才回家。

大家都知道，单家出了一个与众不同的孩子。

夏天在孩子们的欢声笑语中悄然而过，大家都盼望着的金秋时节即将到来，但这一年的秋收却遇到了大麻烦。

当田间的稻穗渐渐弯下了腰，也就预示着忙碌的日子即将到来。天气爽朗自然是好的，但接连一个月的大太阳，着实让农户们喜忧参半。光照充足一方面会加速水稻的生长，另一方面则容易导致稻田因缺乏水分而干涸。这个时候，往往需要通过人力进行灌溉，保证土壤的湿度，才能使水稻正常生长。

勤劳聪慧的祖先们已经创造出了许多灌溉工具。最开始，在水车发明之前，先民主要采用陶制容器盛水灌溉，从河里或者井里打水，然后运到田里灌溉土地，非常费时费力。后来，先民发明了一种名叫戽斗的工具，形状略似斗，是一种制造简单、使用方便的取水灌田工具，通常用竹篾、藤条等编织而成，两边挂绳，使用的时候需要两人面对面站着，分别拉住绳子，轻轻摇晃使其摆动，便可以将低处的水舀起，顺势甩向农田完成灌溉。当然，也有在中间装把手供一人使用的。先民不断地发明、改进打水工具，慢慢地创造出一些更为节省体力的汲水工具。大约到了春秋战国时期，一种名叫桔槔的汲水工具出现了，这是一种利用杠杆原理取水的工具，俗称"吊杆"。简单来说，就是用一根横长杆，中间用木架子支住，横杆的一端挂着汲水的木桶，另一端挂上一块重石。汲水的时候，人用力将汲水的木桶往下压，待水装满后，重石一端慢慢下沉，就能将水打上来。由于取水的时候，人需要用力跳起，利用自身体重将未装水的木桶压下去，所以此取水方式又被称为"跳杆子"。不汲水的时候，就将重石绑得离中间的支撑点近些，使之与木桶保持一定的平衡。这种取水方法已经比纯手工取水省力许多，但效率依旧不高。直到东汉末年，出现了"翻车"，灌溉效率才得以飞速提高。"翻车"又叫"龙骨车",因外形酷似龙而得名。其制作工艺较为复杂,其车身长度大约有二丈,宽度在四寸至七寸之间,高度约一尺,用木板作槽。槽中架行道板一条,用来放置轮轴。然后,需要在行道板的上下通周安装上一节节的龙骨板叶。最后,在上面的大轴两端安装拐木四茎,放置在岸上的木架之间。使用的时候,人扶在架子上,踏动拐木,带动龙骨链条,龙骨板就会随之循环起来,行道板就可以把水刮上岸,实现汲水的功能。除了可以脚踩,也有用手摇的款式,制作手艺和工作原理基本与脚踩的相同。

但自始至终,这些工具都离不开人的操作,离开了人,就没有办法戽水(即汲水灌田)。

家家户户都在想尽一切办法汲水灌溉农田,单俊良家也不例外。由于家境贫寒,单家并没有属于自己的水车,需要向大户人家租借,碰上收成不好的时候,收的粮食可能还不够偿还租金。可以想见,今年这日子也不会好过。

这一天,单俊良一早就起床了,准备和父亲上东边的大户人家租借水车。太阳虽然还没有完全升起,但稻子已然是一副快要枯焦了的样子,耷拉着脑袋,无精打采,田地也是干巴巴的一片,那一道道深深浅浅的裂缝,看得让人忧心。父子二人不禁加快了步伐。

借到水车,父子二人立即开工,争分夺秒,引水入田。

就在这时,田地的另一边突然喧闹了起来,声音越来越响,快要盖过水车灌溉的噪声了。众人纷纷侧目,单俊良也忍不住想去凑个热闹,得到父亲允许后,一溜烟地跑去了。

此时，地头上已经是里三圈，外三圈，围满了人，大家叽叽喳喳地说个不停，十分吵闹，只有"中暑"二字分外清楚。

"快让开，刘大夫来了，大家让一让！"有人高喊着。大家火速让出一条道。单俊良这才看清楚，地上躺着的是住在单家隔壁的李大伯。由于接连几天顶着烈日摇水车，没有好好休息，方才一个趔趄就倒地不起了。

"大家都散一散，让空气流通起来，别围在这里了。"刘大夫把大家都支开了，只留下了几位李大伯的亲人，仔细吩咐着，"赶紧带他回去好好休息，多喝点水，今天绝对不能让他再干活了。这包药先服下，其他的药我一会就去抓，抓好了就给你们送去。"

"刘大夫，我没事，我刚才就是不留神摔了一跤，休息一会儿就没事了。"李大伯一听必须回去休息，强撑着身体坐了起来，摆摆手说道。

"李大伯，实话跟您说吧。"刘大夫蹲了下来，神情比刚才又严肃了几分，"今天是我正巧经过，救治及时，所以没有什么大碍。但是您要是还不好好休息，我可不敢保证您下次还有这么好的运气。"

"可我这地还没灌溉完，若是稻田干涸了，我今年的收成也就没了。大夫，您给我多开点药，我一干完活就回去休息。"李大伯一把拉住刘大夫的手，近似恳求地说道。

周围是接连不断的叹息声，让单俊良听得有些揪心。李大伯一家除了他和妻子，上有几位已是耄耋之年的老人，下还有牙牙学语的孩子。他若不干活，这稻田可就真的完了。

单俊良走在回家的路上，心里一直记挂着这件事，一边走一边思忖着：能不能有什么办法，可以不用人力就能实现汲水灌溉呢？这样的话，李大伯就可以安心在家里休息，再也不怕田地干涸了。

二、第一次科学实验，在深夜里秘密展开

单俊良陷入了深思，连脚步都随之放慢了。

"小伙子，在想啥呢？咋不看路！"

"对不起，对不起，是我没注意。"

原来是村里的磨坊主，带着驴上街卖粉去。

单俊良被吓得回过了神，停下了脚步。望着驴子远去的方向，灵感一闪而过！

他想起曾经在磨坊里见到过磨粉的场景，湍急的溪水冲击着大木轮，通过转轴连接着磨盘，带动磨盘转动。山水干涸的季节，就改派驴子上阵，人根本不用花什么力气。要是水车也能这样子设计就好了！单俊良忽然受到启发，决定马上动手试一试。

当天晚上，顶着月光，单俊良找来了几位擅长木工活的好朋友，将自己的见闻和想法说了一遍。大家都非常佩服他的想法，但又担心不能成功，不愿意把精力耗费在这个上面。

"我们可以试一试，不如先找个废旧的水车改造一下

吧！"单俊良提议道。

"你这个主意是不错，但做起来有点难，怕是很难成啊！"

"有了想法只是第一步，实践是第二步。我们不做就永远都不会实现的，马上就过了农忙时节了，我们都有时间，大家晚上出来一起做，如何？"说话时，单俊良的眼睛里闪着光，坚毅、果断。

于是，在单俊良的倡议下，大家分头找来了旧水车、旧木头，还有一些杂七杂八的废弃材料，寻到一处荒芜的平地作为"秘密基地"，开始第一次尝试。在单俊良的指导下，凭借着木工师傅们的精湛手艺，没几日工夫，一台全新的畜力水车就诞生了。

和单俊良想象中的一样，这台水车有两个转盘相互咬合，一个供牲畜拉拽，另一个连接着取水部件，相当于用牲畜的力气代替了原来手摇或脚踩的力气。终于到了下水试验的环节了，大家都紧张地屏住了呼吸。水牛慢悠悠地转着，水塘里有哗哗的拍打声，可就是一点水都不上来。大家不禁有些沮丧。单俊良解开了水牛的绳子，绑在自己身上试了一试，开始的时候以正常速度走，水还是没有上来，他慢慢地加快了速度，发现快速跑起来的时候，水就打上来了。而水牛缓慢的拉拽速度完全起不到作用。

很显然，第一代畜力水车以失败告终了。

三、放风筝的孩子们，为二次实验点亮灵感

没有不透风的墙，单俊良研制水车失败的事像一阵

风一样传遍了整个村庄，搞得村里人都知道了。

嘲笑的声音有不少：搞什么水牛拉动水车，一听名字就知道肯定不行，牛走得多慢啊！还真以为自己是什么神仙呢，还想造水车？也有叹息的声音：听说他们搞了好几个通宵才做出来的，结果还是不行，真是可惜啊……

那些话飘进了耳朵，扎在了心里，远比试验失败来得更难受。夜里，兄弟几个聚在一起喝了点酒，大家像是蔫了的稻子一般，闷闷不乐，谁也不说话。

唯有单俊良还是一如既往地坚定："来，我敬大家一杯，虽然咱们这次试验失败了，但我们至少努力过了，相信我们有朝一日定会成功的！感谢大家这段时间的付出，我也没什么好报答大家的，只能敬酒以表心意了。"到底是一起长大的兄弟，敞开心扉聊了一宿，这心结很快也就解开了。该做木工的接着去做木工，该干农活的接着去干农活，都不再把这事放在心上了。

只有单俊良，还是每时每刻都在思考着这个难题——如何才能加快运转的速度呢？

为了观察转轴的运转原理，单俊良去磨坊的次数更多了，经常一看就是大半天。他还开始搜集前人制造水车的资料，期望从文字中找到一丝灵感。冬去春来，单俊良没有一日不在琢磨改造水车。村里人都说这孩子着魔了。

念念不忘，终有回响。这一次，单俊良的灵感来自两个小孩。

对小朋友来说，在春天的田野上放风筝这件事，是值得高兴得直蹦的。起风的时候，穿着红裙的小女孩拽着风筝向前奔跑，喊着后面的哥哥。很快，穿着蓝衫的小男孩跑了过来，没一会就追上了妹妹。两个人在草地上嬉闹着，欢笑声传遍了整个田野。

看着这般天真烂漫的景象，单俊良想到的还是自己未造成的水车。

这两者之间能有什么联系？

单俊良想到自己当初设计的水车有两个直径几乎一样的转盘，牛走一圈，就等于人手摇了一圈，速度很慢。但是若把两个转盘设计成一大一小，大的转一圈，可带动小的转动好几圈。类似于这两个小孩，小的妹妹是小直径的转盘，大的哥哥是大直径的转盘，同样的时间，

王祯《农书》中的牛曳水车

哥哥很快就能追上妹妹。

如此一来，同样是水牛缓慢拉拽转盘，但大转盘走一圈，小转盘就能转好几圈，速度也能变快了，水流自然就能源源不断地上来了。

他激动得一下子蹦了起来，迅速跑回家中，将之前的两个转盘拆了下来。又跑到了木匠家中，做了一大一小的两个新转盘。

第二轮试验马上开始！这一次单俊良信心满满，他邀请了村里的老老少少一起来参观自己的新发明。水牛跟上次一样优哉游哉地走着，而池子里的水却源源不断地转上来了。

"水来啦！娘你快看，有水转上来了，田里有水啦！"小孩子激动地大喊起来。大人们看到此景也都赞不绝口，对单俊良刮目相看。

试验成功了！单俊良也终于松了一口气，欣慰地笑了。

四、最新款牛转翻车，请您免费参观和学习

看着自己的愿望终于实现了，单俊良心里是说不出的高兴，他给这个水车取了一个响亮的名字——牛转翻车。翻车其实是水车的一种类型。一般来说，按工作原理，水车可以分为以链传动为主的翻车和以轮转动为主的筒车两大类，而单俊良设计的这款水车脱胎于龙骨水车，属于以链传动为主，定名为"翻车"清晰明了。加上农田多水牛，以水牛拉拽翻车比较方便，所以最终起了"牛转翻车"这个名字。

如此一来，附近的农民汲水灌溉的时候就再也不用自己动手摇、动脚踩了，只要拉一头水牛，就能在田边吹吹凉风，聊聊家常了。农忙的时节，相当于多了一个劳动力，而且汲水的速度也快了许多，效率得到了极大的提高。

单俊良发明了牛转翻车的事很快便被官府知道了，当地县官决定亲自来一看究竟。这事可把村民们紧张坏了，也高兴坏了。这只是一个普普通通的小村落，很多人连县官老爷姓甚名谁都不知道，更别说一睹真容了。

这一日，由单俊良负责讲解，村长负责接待，村民们里里外外把"牛转翻车"围了个水泄不通。县官一边看着演示，一边频频点头。"这个工具确实不错，可以节省很多劳动力呢！非常值得在我们这里推广应用，你们几个好好看看，研究一下，不要只看热闹。"县官认为此工具大有用处，吩咐下属们好好学习。

"太爷，此物并不复杂，只是运用到了齿轮变速的原理，只要掌握了原理，大家都能造呢！"单俊良在一边解释说。

"哦？那说来听听，让大家也一起长长见识。"县官坐了下来，一副洗耳恭听的样子。

"太爷，您看，这水车有一大一小的两个齿轮，咬合紧密。由牛拉动这个大的木制转盘，通过大齿轮把动力传到小齿轮上，大齿轮转一圈，小齿轮就可以转很多圈。于是，紧扣小齿轮的龙骨水板就可以把水打上来了。其中的关键就是齿轮的设计，要是两个齿轮大小相差无几，这水是打不上来的。要是相差太大，这牛可能也就拉不动大齿轮了，所以必须恰到好处。"

大家都听得津津有味，才知道这其中还有这么多道理。

"好，很好！小伙子很有才华！"县官喜笑颜开，赶紧让人将此工具细致地描画下来，上奏给了上级，然后逐级上报，最终摆在了皇帝面前。皇帝看到之后也非常高兴，当即下令"天下法之"。

一时间，来此地学习参观的人多了起来。单俊良干脆又找木匠做了一台"牛转翻车"，改进了工艺，转盘的咬合度更高，龙骨板的形状更贴合，运转起来更加流畅顺滑，哗哗的水声像一首美妙的乐曲，没有一丝杂音。

他将这款最新打造的"牛转翻车"放在了田地最显眼的位置，供游览者参观学习。每个人走到这架庞然大物面前，都会由衷地发出赞叹。

五、要想田赋管理更轻松，推荐采用"四柱田赋册"

田赋，指按照田亩征收的赋税，是封建王朝赖以生存的重要财源。明朝初年，朝廷为了加强田赋管理，决定制订相应的田赋制度。古往今来，统治者向来重视赋税管理，也有很多官员幕僚参与研究相应的制度。刚开始，由于经济活动比较单一，数额比较小，往往采用"入出"作为记账符号。渐渐地，财富有了累积，增加了"结余"的概念，通过"入－出＝余"的公式来计算物资增减与结余，俗称"三柱结算法"，也简称"三柱法"。

单俊良在研究宋、元时期的田赋图册的过程中，有了新的想法。他发现在办理钱粮报销或移交时，往往会有结余。于是，在大量学习前人经验的基础上，他大胆创新，首创了"四柱田赋册"，即在原来"三柱"的基础上，将结余分为"上期结余"和"本期结余"，其基本公式为"旧管＋新收－开除＝实在"，"旧管"就是"上期结余"，"实在"便是"本期结余"。

此"四柱田赋册"一经上报，就得到了明太祖的嘉许。它设计合理，结构清晰，操作简便，易懂易学，提高了官府在田赋管理中的工作效率。很快，皇上就颁令天下，将此法作为永久定式。

直到现在，在一些农村仍旧沿用此法来制作会计账册。单俊良此项创造，可以说是功在当代，利在千秋。

就是这样一个家境贫寒的农村小伙，在这片热土上，用好奇心打开了通往未来的大门，用实际行动过五关斩六将，一步一步，解放了一双双因摇水车而压得通红的手，加速了中国会计账册发展的进程，用创造发明推动着历史的车轮滚滚向前。

后人敬佩他过人的智慧，赞美他辛勤的付出，写下了流传百年的诗句"生前发明伟大，身后永世荣光"来歌颂这样一位地地道道的农民发明家。

[人物名片]

单俊良，生卒年不详，元末明初时浙江杭州萧山人，发明家。创造了图籍核数法式，献于皇上，有诏命天下法之，即"四柱田赋册"。又见人力踏车灌田辛劳，乃创以机轮转动牛车之法，后遂通行于世。

参考文献

1.胡霜、林正秋编写:《浙江古代科学家的故事》,浙江人民出版社,1978年,第33—38页。

2.杭州市科普作家协会编著:《影响世界的杭州科学家·古代篇》,浙江少年儿童出版社,2016年,第73—79页。

3.牛月编著:《农学:农学科技成就》,汕头大学出版社,2015年,第72—77页。

4.〔明〕宋应星:《天工开物》,管巧灵、谭属春点校注释,岳麓书社,2002年,第13—14页。

5.〔元〕王祯:《农书》,中华书局,1956年,第366页。

6.张㧑之、沈起炜、刘德重主编:《中国历代人名大辞典》,上海古籍出版社,1999年,第1588页。

7.帅威、陈坚:《翻车链转 筒车轮济——浅析中国古代水车的起源与发展》,《中国水利》2010年第1期,第59—61页。

8.任娟莉:《刍议中国古代灌溉工具》,《湖南农机》2013年第11期,第215—216页。

第七章

最早
开眼看世界的杭州人

安稀米之浮生，惜隙驹之光景，想玄功于亭毒，勤
昭事于顾误，而相与偕之乎大道。

——李之藻《坤舆万国全图》题跋

一、外国友人带来的独特礼物

历史进程中的每一步都会在不经意间留下脚印，当
时只道是寻常的见面，却成为历史性的一刻。

万历二十八年（1600）十二月，一位意大利传教士
漂洋过海，历经千辛万苦，终于获得进京朝见大明天子
的机会。他摘掉了往日里那顶象征着传教士身份的高帽
子，换成了普通的大明士人服饰，但仍掩盖不住他那充
满异域色彩的外貌。他有一双深邃的蓝色眼睛，一个高
高的鼻子，以及一把浓密的络腮胡，在人群中格外显眼。

他说着不太流利的中文，恭恭敬敬地向万历皇帝献
上了一份独特的见面礼——一张地图。在此之后，这位
传教士的名字一次又一次地被载入史料，一个西洋人，
在中国的史料中却被尊称为——泰西儒士！他就是利玛
窦，天主教耶稣会传教士。

利玛窦带来的这张地图很特别，这是一张囊括各国
的世界地图。不仅有大明，还有许多闻所未闻的地方。
不仅如此，大陆海洋、山岳河流、岛屿峡谷等也都用形

象的图案标示了出来，一些地理位置甚至还用中文进行了简单的标注。想当年郑和七下西洋，也未曾上报这些奇奇怪怪的地方，着实让人称奇！

有人惊叹于地图的恢宏巨制，有人惊讶于未知世界的辽阔。而朝堂之上的一位地理爱好者却陷入了沉思，既有感于这张世界地图之大，又好奇于绘制此图之法。他便是在工部任职的李之藻。

说起来，李之藻也是一位制图界的行家里手。作为一名资深地理爱好者，他从小就对绘制地图很有兴趣。他不仅博览群书，对《大明一统志》《广舆图》等地理书籍如数家珍，而且还热衷于实践，年少时就曾绘制过中国十五行省的图志，骄傲地以为天下概已尽在其中，

利玛窦像

好不得意！可如今和眼前的这幅巨作比起来，实在是相形见绌，自叹弗如。李之藻萌生了向利玛窦请教的念头。

天赐良机，利玛窦被准许长居京城。于是，择一天朗气清的佳日，李之藻约上了三五好友一同拜访这位远道而来的泰西儒士。

"李大人，您来啦！快请进！"利玛窦见李之藻带着一队人马和一车厚重的礼物前来，不由得吃了一惊，赶忙请大家进屋。

"泰西儒士，久仰大名！幸会，幸会！"李之藻也作揖谢道。

一进屋，李之藻一眼就注意到了挂在墙上的世界地图。他停下脚步，驻足凝视。与朝堂之上遥遥一见甚是不同，在近距离观察中，所有的细节都能看得一清二楚。李之藻不由地念了起来："欧罗巴（今大约指欧洲地区）、利末亚（今大约指非洲地区）、南北亚墨利加（今大约指南北美洲地区）、莫瓦蜡泥亚（今大约指南极洲地区）……"这些奇奇怪怪的名字，读起来十分拗口，已经让他心生疑问了，但更让他不解的是，这些名字背后所代表的地理范围居然与大明一样十分辽阔，这实在是太奇怪了！

利玛窦见他久久伫立，迟迟不愿落座，轻声问道："李大人，看来您对这张地图很感兴趣啊？"

李之藻这才回过神。"利先生，不瞒您说，此次前来拜访，正是为了这张地图。此地图实属奇特，不知能否借某一阅？"李之藻开门见山地说道。说罢，他又恋恋不舍地回头看了一眼地图。

"李大人，您过奖了。此图能得李大人垂青，实乃鄙人荣幸，很愿意为您效劳！"说罢，就将地图轻轻取下。

利玛窦早就对李之藻有所耳闻了。李之藻出生于钟灵毓秀的仁和（今浙江杭州），曾祖父和祖父都当过官，颇有学识，大抵算得上是书香世家。他勤奋好学，求知若渴，万历二十二年（1594）中举人，又四年中进士，是名副其实的青年才俊。更特别的是，除了经史子集，这位才子还热衷研究科学知识，绘制地图便是其爱好之一，能将地图借给这样一位行家，也算得上是"宝剑赠英雄"。

而李之藻对利玛窦的回答反而有些惊讶，他断然没有想到这位西洋人初次见面就如此爽快，二话不说就将宝贝借给自己，不由得心生敬意。

回到家中，李之藻利用已经掌握的地理知识认真研究此图，但仍有许多地方百思不得其解，于是决定再次前去拜访。

"利先生，这张地图实在是太奇妙了，可是大明之外的很多地方我从未听闻，特意来向您请教，还望先生不吝赐教啊！"李之藻深鞠一躬。

于是，利玛窦铺开地图，用一口还不太流利的中文，详细地给李之藻介绍每一处地方：家乡欧罗巴（欧洲）的风土人情，亚墨利加（美洲）的新大陆……

"对了，李大人，请您看这处地方——伯西儿！您知道吗？"利玛窦指了指地图上的一角，"此国人不作房屋，而是开地为穴以居。更神奇的是，他们喜吃人肉，但是只吃男的不吃女的。他们也不会织布制衣，而是利用鸟的羽毛做成衣服直接穿在身上。您说奇怪不？"

李之藻听到这些新奇的故事，不由得对眼前这位洋人更加好奇了。

"利先生，您讲的这些故事我可都是头一次听说啊！您是怎么知道的？"

"李大人，这些故事有一部分是我在游历时沿途记录下来的，还有一部分就得归功于伟大的哥伦布、麦哲伦先生了，是哥伦布发现新大陆、麦哲伦环球航行才让我们了解到世界之大！"

"啊？环球航行？这听上去实在是太离谱了！我只了解'天圆地方'的理论，如何环球航行？"李大人目瞪口呆，这些稀奇古怪的说法一次又一次地突破了他原有的认知体系。

"李大人，您没有听错，我们脚下的地球确实是一个球体，麦哲伦的船队在 1519 年从西班牙港口出发，一路向西进发，历时 1082 天，终于在 1522 年重回家乡，证明了地球是一个球体。我为了携带方便，便将地球展开画成了平面地图……"利玛窦笑着解释道。这已经不是他第一次碰到有人问这个问题了，自从踏上大明的土地，一路北上，他已经向很多人讲解过这个事实，但真正能理解的人却寥寥无几。

利玛窦说着还拿起了桌上的橘子："李大人您看，我们就拿这个橘子做个比喻。我们脚下的地球就像这个橘子，是一个球形，很难画地图。但是如果我将这个橘子皮沿着其中一条线轻轻剥开——这不，展开铺平！位置并没有改变！我们管这个方法叫'平面投影画法'！

您要是有兴趣，我可以慢慢讲给您听。"

李之藻听得入神，这些新名词一次次地激发了他强烈的求知欲。他不仅感慨于地之博厚也，而且自觉地意识到，在遥远的欧罗巴，已经有勇士航海远征，探索着未知的世界，连接起神秘的西域和古老的东方。原来，繁荣富强的大明王朝之外，竟然还有如此多闻所未闻的国家，曾经以为大明即为世界之中心，现在想来实在是可笑至极。他决定拜利玛窦为师，学习这些天文地理新知识。

"利先生，在下实在是佩服，不知能否追随您学习西法？"

"不敢当，不敢当。"利玛窦连连摆手，"在下才疏学浅，实在不能担此大任。但是我从家乡带过来许多书籍，里面有关于算学、天文、地理的相关知识理论，您要是有兴趣可以都借给您。"

至此，李之藻和这位外国友人成功建立起友谊的桥梁。而这份友谊又将给大明王朝带来怎样的故事呢？

二、大明要在世界的最中央

在跟随利玛窦学习了一段时间的西方天文地理学知识之后，李之藻发现之前的世界地图还是有些不足，于是向利玛窦建议重新绘制翻刻世界地图。利玛窦也深知，虽然之前的世界地图经过诸多中国友人的帮助，已经从英文版本译成了中文版本，且增添了不少标注，但要论起精确程度，他自己也不敢保证。

所幸，遇到了李之藻。

"利先生，我倒是对大明版图略有研究，也收藏了一些书籍，或许对重制地图有所帮助。"李之藻想到自己曾经整理过的地理书籍，便邀请利玛窦一同回府邸小坐，共同探讨重制世界地图的问题。

两人相谈甚欢，从白天聊到了黑夜。交谈之中，李之藻对西学也有了更深的体会。原来，利玛窦为了传播西学，往往会将一些晦涩难懂的西学知识与中国已有的理论进行嫁接，以便中国人理解。而李之藻本身就对中国传统地理知识颇有研究，故而更容易消化接受这些新知识。他一边频频点头以示尊重，一边迅速地定位到自己原有的地理知识体系，进行对比区分。他很快发现，中西之学既有相通之处，亦有相异之处。相通之处如西学云地图"周天经纬三百六十度"与《唐书》中所记载的子午线长度为"三百五十一里八十步而差一度"十分接近；相异之处如以极星征南北、以日月冲食算东西之法，乃是中国"千古未发之秘"。这些相通之处打消了李之藻潜藏在心中的疑虑，让他更加确信利玛窦所言非虚，而这些相异之处则让李之藻更坚定了学习西法的决心，以一种开放包容的心态向利玛窦先生请教。

临别之际，两人仍意犹未尽，相约改日再聚。

"利先生，今日一晤，受益良多，这些书可供参考，如有不明白的地方尽管可以问我。"他边说边将自己珍藏的地理书籍装了起来。"噢，对了。"他抬起头，像是突然想到了什么好主意，一副得意的样子，"我还有一个小小的建议，地图上不同的地方可以再增加一些文字注释，画上一些显示其特色的图案，有助于人们理解。像您之前介绍过的那些神奇故事，若能在地图上有所展现，一定能让更多的人感兴趣！"说罢，两人相视一笑，像是结识许久的知音。

过了半月有余，利玛窦携带着全新的地图如约前来。

"李大人，我才发现，大明王朝幅员如此辽阔，我做了一个重要的决定——我要将大明画在地图的最中央！这才符合大国的宏伟气魄啊！"

"那实在是太好了！将我们大明画在世界的最中央，这个主意甚好！"李之藻一边捋着胡须，一边点着头深表赞同，不禁佩服起这位西洋人的高超悟性和绘图才华。这地图上挪个位置看似很简单，实则要考虑到整幅地图的排版构图，且不能影响其他区域的完整性和准确性，绝非易事。利玛窦居然有这个心思，愿意花这么大力气去讨得大明皇帝和万千子民的欢心，看来是真的用心了。

打开画轴，这哪里是一张地图，这简直就是一幅无与伦比的画卷，一本中西合璧的地理全书啊！

这次的地图比之前的版本有了很大的改进，大明的位置几乎处于地图的正中央，左侧是欧洲和非洲，右侧是南北美洲，下方是南极洲，各自完整又相互联系，和谐统一。整幅地图大概分为三个部分：第一部分是主图，是位于正中间的椭圆形地图；第二部分是位于地图四角的天文图和地理图；第三部分是位于图附近的解释说明文字。

中间的主图用不同的颜色区分各大洲板块，中间靠左的亚洲用淡淡土黄色作为底色，南北美洲用紫红色，欧洲用深红色，非洲用深蓝色，南极洲则近似于白色，山脉处用黛绿轻轻勾勒，海洋用靛蓝画上密密的水波纹。各个大洲的名称用赤字标注在中间，其间的国名、地名则用墨笔书写，以字体大小作为区别。

地图的右上角画有九重天图，右下角画有天仪地图，左上角画有赤道北地半球图和日月食图，左下角画有赤道南地半球图和中气图。这些辅助的小图既包含着大量的欧洲天文知识，也结合了中国传统的天文观念，以便中国人理解和学习西方知识。

　　"地与海本是圆形，而合为一球，居天地之中，诚如鸡子，黄在青内。有谓地为方者，乃语其定而不移之性，非语其形体也。"一行小字标注在天重九图的一旁。

　　"此处解释实在是妙啊！看来利先生近来对我们中华文化的研究是下足了功夫啊！"李之藻不禁对利玛窦刮目相看。这段文字看似简单，实则是将西方的科学知识置入了中国传统文化的语境中。表面上是借用了《浑天仪注》中的"浑天说"理论，即"诚如鸡子，黄在青内"，实则是引入了西方两个圆球式宇宙论，认为地与海合为一球，位于天球之中。同时，又巧妙地将"天圆地方"的中国传统说法进行一种折中的诠释，认为是指地球静止于宇宙中央，而非指其形状。真不可谓不高明！

　　除此之外，地图上还画有九艘帆船，象征着出海远行的勇士，各个海域中还画有许多海洋动物，鲸鱼、鲨鱼、海狮，有些名字连李之藻都不曾听闻，陆地上则画有犀牛、大象、狮子、鸵鸟等动物。整幅地图一下子就有了生命活力，让人感觉仿佛就置身在远航的帆船上，欣赏着大千世界的奇妙生物！

　　李之藻越看越入迷，不停地点头称赞，末了又拿起了画笔，在大明的版图上补充了些地理信息：这昆仑山脉不够长，得再延长一些；这黄河发源地不够具体，得再记上一笔；这里的区域划分不清晰，那里的地名写得不准确……李之藻凭着自己多年来的知识积累，一一修正。在这宁静的午后，只见两位相貌迥异，却神情相似的儒生，都弯着腰仔细揣摩着地图上的每一处细节，他们时而轻声交谈，时而细细勾勒描画，时间就这样一点一滴地滑过笔尖……

万历三十年（1602），经过数月时间，利玛窦和李之藻几经修改完善，终于完成了重刻世界地图的伟大工程，新的世界地图被取名为《坤舆万国全图》。地图共分为六条，高过人身，可展可合，中式模样，精巧无比。呈送给万历皇帝后，皇帝大喜，将地图视为珍宝，每晚睡前都要好好欣赏一番。万历皇帝还下令大量印制，赠送给皇亲国戚，从宫里传到宫外，一时间，京城官员竞相收藏，供不应求。于是，宫里的一位刻工又私自刻制了一版，大小比例与原图一致，加紧印制售卖，赚了好些银两，别提多高兴了。

不过，这位刻工大概不会想到，他当年私自刻制的地图会在几百年后成为无价之宝。这幅《坤舆万国全图》不仅让大明王朝看见了世界，也让世界看见了大明王朝。

大功告成后，利玛窦很快便给家乡意大利寄了一幅。

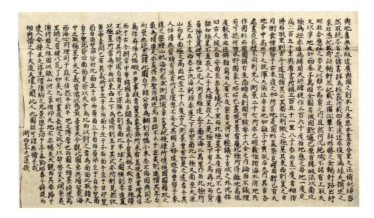

《坤舆万国全图》李之藻跋

意料之中，欧洲人民也十分狂热地追捧这幅地图，他们甚至将这幅地图比喻为"不可能的黑色郁金香"（十六世纪时，欧洲人对种植郁金香非常狂热，但想要成功种植出黑色的郁金香，则相当困难），足见其受欢迎的程度。

这幅友谊之作，使得利玛窦和李之藻的感情愈发深厚了。利玛窦的中文也说得更加流利，只闻其声都听不出是个西洋人。而李之藻也渐渐掌握了西文，爱上了钻研外文书，他好奇于浩瀚星辰的未解之谜，也赞叹于逻辑算术的严谨细致，他将利玛窦借给他的书籍视若珍宝，一有闲暇，就点上灯，捧上书，一读便忘了时辰。就这样，一页页，一本本，李之藻大半年工夫便已读了数本专著，对其中的天文、算学、历法等内容尤为喜爱，读时有不懂的地方都会认真记录，得空便去请教利玛窦先生。

当然，李之藻也清楚地明白，利玛窦先生来中国的最终目的是为了宣传天主教，传播西学只是其传教的一种手段。所以，李之藻在学习西学的过程中，一方面秉持着兼容并包的开放姿态，努力吸收其中有益的科学知识，另一方面，也保持着中国士人的严谨态度，致力于将西学纳入到传统的儒家文化知识体系中。

随着李之藻对西学研究的深入，他的观念也逐渐发生了变化。从一开始的好奇，进而深入学习与了解，到最后产生自己的理性思考并决定将之发扬光大。这一路走来，李之藻对西法的学习已经不仅仅停留在地理知识层面，而是全面地学习西方的科学知识与技术，以期能启迪民智，促进中华民族之繁荣富强。

三、一道"前无古人"的科举试题

没过多久，一道圣旨，李之藻奉命前往福建，担任乡试副考官。

车马早已备下，仆人也已经将一箱箱的行李搬到车上。这些行李中除了生活必需品外，还包括利先生这些日子以来赠送给他的西洋书籍，整整装了一个大箱子，每一本都是他的心头爱，实在不忍心放弃任何一本。路途漫漫，与书相伴，虽不能消暑纳凉，但至少能少一分孤独寂寞，多一分宁静平和。

有缘再见终有时，此刻，必须得走了。李之藻一行踏上了南行之路，渐行渐远。

等待他的，将是另一个光荣且艰巨的任务。

这是万历三十一年（1603）的秋天，和往年一样，秋高气爽，是个收获的好季节。庄稼人忙着收割粮食，春去秋来，数月来的辛劳换此刻的五谷丰登；读书人则忙着进城赶考，勤学苦读数载，只为此刻能才思泉涌，换取金榜题名。

三年一次的乡试终于拉开了帷幕，从京城快马加鞭而来的李之藻担任副考官，负责命题和确定录取名单。应试学子从四面八方汇聚府城，静待开考。

"铛铛铛——"清场点名的钟声响起。

考官挨个清点应考学子，仔细检查后方可进入考场。每位考生都有一间屋子，里面凳子、桌子、烛火、炭火一应俱全，考生们在考试期间都要呆在这间屋子里面，不得与外界交流。全体考生落座后，监考官向主考官请示，发放题纸。

题纸发毕，贡院内一下子变得安静起来，连监考官的脚步声都变得分外清晰。考生们一个个神情严肃，或奋笔疾书，或停笔沉思。

突然，考场里有了一丝骚动。"这题目可真是稀奇，我可是头一次碰到啊！"一位考生小声嘀咕起来，稀稀疏疏的声音此起彼伏。

又见一考生抓耳挠腮起来。只见他放下手中的笔，紧皱眉头，拿起试卷又认认真真地审了一遍题目。上头写着："问：敬授者稽天，疆理者条地，士戴堪而履舆，通天地人而曰儒……六籍之绪，众说之淆，天文地理将不胜穷……吾欲引经术之微，课历算之奥渺，寻经济之实，砭《统志》之膏肓，意其间多可商订者。令益精益备，蔚为不朽，亦一代快事也。奚若而可窥平子之宪，操子云之缇，夫闽殆有人矣。"

用今天的话来说，大致就是问：掌管百姓农务的人需要了解历法天象，管理疆土的人需要了解地理知识，读书人顶天立地，居在天地之中，精通天地人三才可以称之为儒士……传统典籍或历史文献中的诸说有些混淆，天文地理这些知识经不起推敲……我想要引出这些经典著述中的微妙之处，钻研历算中的奥妙，寻找经世济民的确切方法，针砭《统志》中的要害之处，我觉得天文、历算、地理等传统自然知识中存在许多可以商榷和订正的地方。如果能让这些知识更加精益完备，成为不朽，也是我们这一代值得高兴的事情！希望今日来参加科举考试的你们，未来能成为既知西方语言，又通西方天文、历法、地理的人才！

天文、历法、地理……考生们对这些知识虽不是头一次听说，但也绝对谈不上是耳熟能详。平日里，大家都刻苦学习"四书""五经"，练习写文写诗，根本不会留意这些知识，况且往年的科举试题里也未曾出现过类似的题目，真是让人头疼！考生们或是停笔踌躇，思考好一会儿才下笔，或是愤然摔笔，仰天长叹，更有甚者直接略过此题，交了白卷。

三日后，考生们交卷离场，议论纷纷，十有八九都在议论这道"新奇"的题目。

"真不知道考官怎么想的？怎么会出这样的题目？"一位考生胆儿比较大，还没走远就大声抱怨道。

"嘿！你可轻点说！要我说，这题目确实新鲜，这表面上看也是顺着策论试题的要求，需要我们根据历史典籍采用考据方式进行回答。实际上却在引导我们思考西学知识啊！"

"咳！我听闻这考官是京城来的，最近京城就流行学习西学呢！据说有位官员还与西洋人一起画了一幅地图，皇上可喜欢了！"

"早知道就多了解一下这些知识。也怪自己，平时对这些都不上心，看来这次考试是没希望了。"

"这倒也未必，我看也没几人真正了解。要知道我们以前可是禁止私习天文的，可没人敢碰这些知识啊！要不是本朝仁宗皇帝允许臣子学习天象，我看今天的主考官也不敢出这么一道'天文'试题！"

熙熙攘攘的大街上，一群年轻人你一言我一语，热烈地讨论着这道"前无古人"的科举试题。

而屋内，李之藻——这位幕后的命题人，此刻正在奋笔疾书，写下了一封未署名的试题主司程文，详尽地阐释出题意图，以供考生阅读。这大概就类似于现在试卷的参考答案吧。

这篇主司程文从岁月日辰到天地万物，从穷经到穷天地，从历算经典到地理图志，从域内到域外，层层递进，博古通今，表达了对莘莘学子的期望，希望他们能主动了解西学，不断精进学问，"测天探地"，未来成就一番事业。

这篇主司程文公布后，很快就在大街小巷传开了。不仅应试士子们抄录传阅，还吸引了许多外地读书人。一时间，福建刮起了一阵学习西学之风。甚至还有学子不远万里前来请教李之藻。这可把李之藻乐坏了！

每每有士子前来拜访，李之藻必定详细地说明出题之意，讲授从利玛窦那里学来的经纬线知识。来访的士子无不赞叹佩服，坚定了学习西学的决心。就这样，这道"前无古人"的科举试题仿佛是一块抛向平静湖面的石头，一下子激起层层涟漪。从一开始的让考生们头疼，到后来考官的详细解读，最后还吸引了无数士子探寻西学，更有户部郎中郑怀魁前来拜访，一改曾经对西学的存疑态度，还在若干年后为李之藻刊刻《浑盖通宪图说》提供了巨大的帮助。可以说，这一道小小的试题承载了西学之火种，它改变了一群人对西学的态度，加快了西学在中国传播的速度，也让李之藻了解了社会对西学的认知水平，从而坚定了自己继续学习、传播西学的志向！

四、想要做好官，西洋算法少不得

历时数月，李之藻顺利完成了乡试副考官的工作任

务，离开了福建，升工部都水司郎中。几年后，又授任开州（今河北濮阳）知州，兴水利，治州城。开州虽然地处中原腹地，幅员辽阔，陆路交通运输比南方要便利许多，但水运河道多阻塞，如遇暴雨则会洪水泛滥，破坏房屋田地；如遇旱灾，多月无雨，则田地干涸，庄稼歉收。百姓苦不堪言。

李之藻一上任，便捡"最硬的骨头"开始啃。他派人疏浚河道，兴建水利设施，又注重疏通沟渠，雨时蓄水，旱时灌溉，解民生之要害。

可是说来也奇怪，按理来说，水源问题得到进一步的解决，粮食的收成自然会提高，而且水运渠道更为通畅便捷，粮食运输的效率也随之提高，商贸自然也会发展，财政收入理应有大幅度提高。可过了大半年，这账簿上的钱谷（即货币和谷物）数额增长并不多，实在让人生疑。

一日，李之藻例行探访民间集市，看到农户们个个满面笑容，还在互相道喜，就知道余粮比往年多了不少，今年定是一个大丰年。他不禁想起了前几日翻阅的账簿，断定其中必然有问题，便匆匆打道回府。

而此时，街上的酒铺里好不热闹，负责仓库保管、钱谷出纳的衙役正在一起喝酒聊天，听闻李大人匆忙回府，顿时面面相觑。

"怎么回事？不会是发现什么了吧？"年轻一点的小伙低着头，轻声问道，眼神则小心地望向一旁的大哥。

"不会，不会！一定是我们想多了，这几年来一直如此，可从来都没有被发现过。"大哥故作镇定。话是这么说着，但这一桌好酒好菜吃上去也没有味道了，一群人不欢而散，心里都盘算起各自辩白的说辞，以防万一。

李之藻命人取来账簿，仔仔细细地翻阅起来。这账目条目众多，数目繁杂，让人眼花缭乱，想要一查究竟也的确不易。于是，他便传负责此账簿的官员前来问询。那位官员早与衙役串通一气，打好了腹稿，料定李大人也不会仔细核算，便在堂上言之凿凿，力证清白，表示这账簿绝不会有问题。一来二去也问不出什么，李之藻只能作罢，放他回去了。

可他心里终究是犯嘀咕，明明是个丰年，可钱谷为什么不见增长？

夜里，他左思右想，总觉得不放心，这些账目说大不大，但也是关系到社稷民生，必须严肃对待，才不枉朝廷所托、百姓所愿。他必须再好好核算一遍！

李之藻决定亲自核算，以消除连日来的疑虑。只是这厚厚的一本账簿，要想短时间内核算完成也绝非易事。一直以来，数字计算都使用传统的珠算方法，算盘轻轻拨动，结果一目了然，轻便快捷。但可惜只能得到计算结果，看不到计算过程，这中间要是有了错处，查验起来就会费时费力。相比之下，西洋算法的优势就显示出来了。每一个步骤都清晰可见，哪一步出现差错都能校对查验。不用算盘，只要一张纸、一支笔，便能开始计算。

李之藻决定用西洋算法试一试，看看能否查出问题。他派人备好纸笔，端坐桌前，他先将不同类目的账簿分门别类，对每一类进行汇总。

"四六〇、五二四、三三二……"每一行写一个完整的数字，第二个数字就另起一行写，数字靠右对齐，要算的数字抄写完成后，就在数字下方画一条直线，然后从右往左挨个位次相加，碰到相加过"十"的还需要进位处理，最终得到计算结果。

李之藻拿着放大镜仔细地算着，烛光照着他的侧脸，不难看到他眼睛旁边一道一道的皱纹，深深浅浅的，数不过来。长年累月的工作，使得他本来就不好的眼睛更不好使了，一只眼睛几乎没有视力，另外一只眼睛也是要贴近了纸张才能看得分明。

"李大人，看您也累了，要不歇息一下？"一旁的侍从也看不下去了，轻声建议道。

"快了，快了，把这总目算完便好了！"李之藻一手擦着额头的汗，一手仍用笔计算着，不肯停下来。

"有了！终于算好了！这稻谷收入共计七一〇六五石，支出共计是三〇四二五石，剩余应为四〇六四〇石。"拿着算出来的数字与账簿一对比，一切便清晰可见了。这数字和账簿上写的数字"四〇五四〇石"可整整差了一百石，白纸黑字，每一步都有迹可循，看来这账簿混乱是板上钉钉的事情了。李之藻不禁长叹一声，心里真是既开心又忧心，这开心自然是因为西洋算法确实有效，这忧心则是因为属下官员办事不力，欺上瞒下。

为了防止因自己眼花而误算了某位数字，李之藻决定用西洋算法里面的"以减试加"的验算方法对数据再一次进行确认。"以减试加"，顾名思义就是用减法去验证加法，举一个简单的例子：我们计算完"1+2=3"之后，如果仍旧按照顺序进行验算，很可能会因为惯性思维在相同的地方出现问题。但是如果我们用"3-1=？"去进行验算，换一种思维去计算，则可大大提高验算的效率。如果结果为"2"则可说明之前的计算没有问题，不等于"2"则说明之前的计算可能存在问题。当然，这个方法也不可能是万无一失的，但相比按照原先的顺序重新计算，效率提高不少，验算的作用也更为明显，计算结果的准确性也更高。

经过科学严谨的核查，问题终于水落石出。连账簿记录都有问题，那层层收缴上来的钱谷是否被官员中饱私囊则更未可知，问题相当严重。于是，李之藻派人将与钱谷收缴、管理、记录有关的衙役统统找来，一一审问。铁证如山，在白纸黑字的计算结果面前，谁也不敢狡辩，全部一一招供。隐匿钱谷一案终于落下帷幕，中饱私囊者受到了应有的惩罚。

审判当日，镇上的百姓全赶了过来，都想看看这位既善用西洋算学又秉公执法的李大人是什么模样。公堂外是喧闹的人群，议论纷纷；公堂内是受惩的官员，战战兢兢。李大人坐在正中间，一脸严肃，言语不多，但心里跟明镜似的，这次事件之后，该用何人，不该用何人，清清楚楚。

不过，要说他此刻心里最惦念的事情，反倒是一本译著——这是一本西洋算学的奇书，这次核查钱谷所采用的西洋算法就是源自此书。此书前前后后翻译了也近五年了，但总是觉得差点火候，一直收不了尾，现在是时候了。

五、笔译官，从入门到精通

大约是在五年前，李之藻还在京城，公务繁忙。难得有了空闲，他不去下棋喝酒，只爱去利玛窦先生的屋里坐一坐，喝喝茶、聊聊天，再欣赏一番稀奇的西洋物件，顺便趁着这个大好的机会向利玛窦请教西学，悠然地度过一个下午。

这一日，李之藻带着一本名为《Epitome Arithmeticae Practicae》的西洋算学书匆匆前来。

"利先生，我来迟了，方才临时有事走不开。今日特地来向你请教此书，我看了一个多月才看完，但仍有好多处不大理解。"李之藻随手便把书放在了几上。

"快坐。"好友前来，利玛窦眼睛都快笑成了一道缝，看了一眼书名，更是乐开了花，"你可真有眼力！你算是发现珍宝了！"

书名若翻译成中文大概可以叫《实用算术概论》，作者是利玛窦的老师——克拉维斯（Christopher Clavius，1537—1612），主要介绍了欧洲最新的实用算术知识，包括利用西洋算法开平方、开立方等的方法。利玛窦早年在罗马学院读书时，便师从德国数学大师克拉维斯学习算学知识，对于此书的精髓了如指掌。

李之藻仔细地听着利玛窦的讲解，不放过任何蛛丝马迹。听罢，他起身作揖致谢，欣喜地赞叹道："利先生，这个西洋算法的确是妙啊！光看书我还一知半解的，听你这么一说，我才明白了几分。这书要是能有中文版本，一定会大受欢迎的！"

李之藻这句话看似脱口而出，其实已经思虑良久了。

于他而言，西洋算学中所蕴涵的逻辑推理学说与其一贯秉持的实学思想简直是不谋而合。他的实学思想，主要包括建立在儒家性善论基础上的形而上的道德之学和形而下的功利之学两部分，均未脱离儒学的范畴。而利玛窦所传播的西学则以天主之学为核心，同样是在向善的基础上，传播天文、地理等科学知识，推广算学、历法等实用技能，与李之藻的实学思想有着极高的相似度。正因如此，当他读到这本算学著作时，拍案惊呼："古学既邈，实用莫窥，能见此'数'学之书，实在是幸运！通晓此书，必定有助于提高我朝的治理能力。"故而产生了翻译这本著作的想法。

"嗯——"利玛窦将了将胡须，"这也不难办，这样吧，我按照书本内容一章一章地讲解给你听，你慢慢记录下来，回去再根据你们中文的阅读习惯整理一下。毕竟我曾经拜师学过，解释起来更好理解些。"

"好！"两人一拍即合。

说干就干，李之藻和利玛窦达成"合作意向"后，立即全身心地投入到翻译工作中，一个忙完政务工作就匆匆赶来，一个备好纸笔茶水好好招待，终于赶在李之藻赴任福建副考官前完成了大部分的翻译工作。等李之藻回京任职后，顺利地完成了剩余部分的翻译工作。

万历三十一年至万历三十六年（1608）期间，李之藻开始了漫长的整理工作。他利用空余时间又研究了其他一些西洋算学书籍和中国的传统算学书籍，发现这本《实用算术概论》虽然优点突出，但也存在许多不足——许多计算方法没有介绍全面或者干脆没有介绍，导致整本书的内容不够丰富、不够全面。同时，李之藻也意识到，中国的传统算学也有许多可以借鉴通用之处，非常值得学习和传承。

李之藻大胆地在这本著作里加入了些"新佐料"。不管西方东方，能高效解题的便是好方法；不管新的旧的，能利于理解掌握的便是好解答。文火慢炖，足足熬了五年，终于在万历三十六年接近尾声之时，端出了这一盆香气扑鼻、色泽醇厚、味道鲜美的中西合璧的算学大菜。

译著工作基本结束，但他还是不太放心，没有直接刊刻发行，而是将书稿送给了好友徐光启审阅。徐光启也是一位酷爱研究西学的学者，且不久前刚翻译完《几何原本》，也算是有译著西学的经验。

"振之兄，你真是能藏事啊！之前也没听说你在译这本书，这会儿就全都译好了，真是厉害啊！"徐光启看到书就两眼放光，连连称赞。

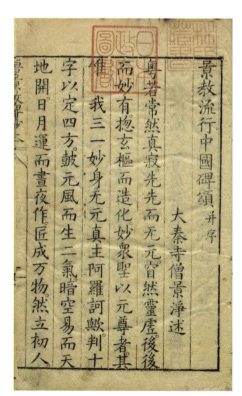

明李之藻编
《景教流行中国碑颂》

"子先兄过奖了，这翻译工作前期还多亏利先生帮忙。后来我政务繁忙，所以断断续续译了五年才完成。这不是才译完，就第一个跟你分享嘛！也请你多多指教！"

徐光启欣然允诺。于是，两人对照着中西方的算学经典著作如中国算学经典《九章算术》、德国数学家Michael Stifel的《整数算术》等，斟酌再三，删删减减，又结合了一些当下的算术书籍，如周述学的《神道大编历宗算会》〔此为《神道大编》中关于算学的部分，成书于嘉靖戊午年（1558），全书共十五卷〕，将书稿又重新审读了一遍，这才有了终稿的雏形。

此书会通中西算学，看似存在差异，实则有许多共通之处，正所谓"心同理同，天地自然之数同欤！"，故取名为《同文算指》。整本书共有十一卷，分为"前编"二卷、"通编"八卷和"别编"一卷，堆叠起来有厚厚的一沓。李之藻每次翻阅都要轻轻地用手捧起来，小心翼翼地抱着，仿佛自己手里的是无价之宝，生怕一不留神摔着了。

大约是万历四十一年（1613）的某一日午后，太阳躲进了浮云之间，免去了人们被晒的苦恼。清风徐来，旧院的竹林随之簌簌作响，此起彼伏。刚刚刊印出来的《同文算指》就摆在桌角一侧，散发着油墨的异样芳香，让人心旷神怡。

三年前利玛窦骤然离世，两年前父亲也撒手人寰，李之藻悲痛难抑，回杭州为父守丧。其间，翻译《同文算指》的工作依然在进行。由于翻译工作工程浩大，他已经很久都没有心情去享受这般舒畅的好天气了。今日，历时十多年的译作终于正式问世，也算是了却了利先生的一桩心事，李之藻这才有机会放松一会。

李之藻就这样躺着，在凉丝丝的竹椅上躺着，享受着夹杂西湖水汽的微风，深呼吸一口，似乎还能闻到雨后的花香，清甜中带着一丝湿润。慢慢地，整个人都放松了下来，身体里的每个细胞都放慢了运动速度。慢慢地抿一口茶，闭上眼，慢慢就打起了瞌睡。他仿佛梦到了译著流传后的景象——皇帝对译作大加赞赏，百姓们也争先恐后地购买攻读，更多的人开始了解算学，学子们爱上了研究西学，有年轻人想要去看看这广阔的世界。

如此，便好。

从入门到精通，短短几十年时间里，除了《同文算指》，李之藻还译著了《浑盖通宪图说》〔万历三十五年（1607）与利玛窦合译〕、《名理探》（天启间，与葡萄牙传教士傅汛际合译亚里斯多德名著，为逻辑学在中国最初之译本）、《经天盖》、《简平仪说》、《天学初函》等十余部作品，撰有关于数学及历算等的序、跋、奏、疏三十余篇。纷繁复杂的公务、每况愈下的身体，都不能阻止李之藻翻译西学著作的脚步。委以重任之时，便充分利用西学造福一方百姓；仕途受挫之时，便在西湖边结庐而居，专心译书。他留下的不仅仅是著述，更是一片赤子之心。

除了译著西学外，晚年的李之藻还心系着国家大事。哪怕是住在老家杭州——这样一处风景宜人，适合闲居养老的地方，他仍然常常记挂着千里外的边地战事。当然，他的担心并不是空穴来风，多年来的观察让他对大明的戍边防卫能力尤为担心。果不其然，后金在萨尔浒战役中大败明军。李之藻听闻此消息，火速召集了包括杨廷筠在内的一批爱国忧民的杭州人，募集资金，购置欧洲新式火炮，希望能借西洋武器给京城加上一个"金刚罩"。虽然这项计划因故最终夭折，但其拳拳爱国之心，天地可鉴。

明代末年，内忧外患，内有奸臣当道，农民起义愈演愈烈，外有后金的猛烈攻击。在这样一个复杂、混乱、多变的局势之下，有一群如李之藻这般的有识之士，率先看到了西方先进的自然科学知识，认识到了东方古国存在的危机，产生了"西学东渐"的思想。略有遗憾的是，他们虽然意识到西学的重要性，但只是侧重以实学救当下之困，而未见产生西方科学之根本，学习的是基于应用层面的科学知识和技能，而非其发展科学、探索世界之精神。但即便如此，先辈们或译书著书，或钻研器械，或奔走朝廷，仍为介绍西方科学作出了重要贡献，为学界注入了新鲜的血液，为逐渐式微的明王朝争取了最后的一丝光亮。

正因如此，清代的杭州人还将李之藻作为一位出色的官员载入地方志，并将其供奉在杭州的祠庙中，供百姓祭拜。直至民国时期，杭州仍有许多学校还供祀着李之藻，传其事迹，承其精神。

[人物名片]

李之藻（1565—1630），字振之，又字我存，号凉庵，一号存园叟，浙江杭州人。明代科学家。学识渊博，娴于天文历算、数学。"晓畅兵法，精于泰西之学"，与徐光启、杨廷筠齐名。万历二十六年（1598）进士，历工部主事、工部营缮司员外郎、工部都水司郎中、太仆寺少卿。任福建乡试副考官期间，将天文题目纳入科举。与徐光启等笃信耶稣会士利玛窦之学，协助利玛窦修订《坤舆万国全图》，与利玛窦合撰《同文算指》《浑

盖通宪图说》《圜容较义》等，另有《寰有诠》《名理探》
等，为介绍西方科学作出重要贡献。

参考文献

1.（意）利玛窦授,〔明〕李之藻演:《同文算指前编》,中华书局,1985 年。

2.邹振环:《晚明汉文西学经典:编译、诠释、流传与影响》,复旦大学出版社,2011 年,第 205—211 页。

3.李俨、杜石然:《中国古代数学简史》,中华书局,1963 年,第 258—262 页。

4.张㧑之、沈起炜、刘德重主编:《中国历代人名大辞典》,上海古籍出版社,1999 年,第 950 页。

5.苏雪晶:《"精于泰西之学"的李之藻及其西学翻译活动》,《兰台世界》2015 年第 9 期,第 116—117 页。

6.才静滢、纪志刚:《大航海时代下的中西数学交流——〈同文算指〉编译的历史意义》,《上海交通大学学报:哲学社会科学版》2014 年第 4 期,第 73—81 页。

7.徐光台:《西学对科举的冲激与回响——以李之藻主持福建乡试为例》,《历史研究》2012 年第 6 期,第 66—82 页。

8.潘亦宁:《利玛窦、李之藻与〈同文算指〉的编纂》,《自然辩证法通讯》2008 年第 4 期,第 68—74 页。

9.龚缨晏、马琼:《关于李之藻生平事迹的新史料》,《浙江大学学报:人文社会科学版》2008 年第 3 期,第 89—97 页。

10.徐光台:《利玛窦世界地图的本土化》,《文汇报》2016 年 9 月 23 日第 W16 版。

11.李佳妮:《利玛窦世界地图中的明人序跋文研究》,东北师范大学硕士学位论文,2013 年,第 31—34 页。

12. 贾庆军：《李之藻眼中的西学——兼论其实学思想》，《宁波大学学报：人文科学版》2010年第2期，第69—74页。

第八章

多管齐下，
将治河进行到底

顺水之性，而不参之以人意。

——《治河方略》

一、一首题壁诗，千里马遇伯乐

康熙十年（1671）六月，陈潢独自一人走在路上，他感到有些潮闷，衣服开始粘着身体了，于是用手抖了抖衣角，想要灌进点儿新鲜的空气，好稍微凉快些。现在已经是六月了，但刚下的雨水久久未曾消散，看着是个大晴天，让人很不痛快。

前面终于有一座古庙了，可以进去歇歇脚。陈潢心里高兴起来，连脚步都加快了。

自从家道逐渐败落，加上科举考试多次失利，陈潢就过上了走四方的日子。他先是北上进京，想要凭借自己的才华谋求一份差事，但始终困无所遇。接着他就开始四处飘荡，反正无依无靠，倒也非常潇洒。

不知不觉，已经走到了古庙门前。陈潢抬头一望——"吕翁祠"，原来已经到了河北邯郸境内，此地就是吕洞宾的祠庙。他决定进去参拜一下。寺庙有些破旧，但中间的吕翁雕像依旧栩栩如生。他找了一处空地，靠着墙根坐下，一边吃着有点闷坏了的馒头，一边望着雕像。

这让陈潢突然想到了一个有关吕翁的故事。

从前，有一位书生名叫卢生，进京赶考，结果失败了。他郁郁寡欢，向吕翁抱怨自己的困境。吕翁听罢取出一个枕头递给了他。当晚，卢生就做了一个美梦：梦到自己不仅金榜题名、平步青云，还抱得美人归，儿孙满堂，享尽人世间的荣华富贵。结果，一觉醒来，空空如也，连米饭都还没有煮熟，这让卢生顿悟，不再自怨自艾。

陈潢想到这里，叹了口气。何其相似，这说的不就是自己吗？如今潦倒落魄，恐怕比卢生更甚。触景生情，他从行囊中取出笔墨，借着落日余晖，在古庙壁上题道：

> 四十年中公与侯，虽然是梦也风流。
> 我今落魄邯郸道，要替先生借枕头。

题罢，陈潢又望了一眼吕翁像，长叹一声，转身离开了。

日有所思，夜有所梦。这一晚，陈潢还真的做了一个美梦，他梦见自己终于金榜题名，接旨上任了。当他一觉醒来，迷迷糊糊睁开眼，发现身上还是那件破旧的粗布衣服，才发现这只是一个梦罢了。于是匆匆收拾了行李，准备继续赶路。

正在此时，店小二突然敲了敲房门，客气地问道："客官，您醒了吗？外头有人找您。"

"在呢。"一开门，只见门口站着一位男子，面目和善却自带着几分威严，身后还紧跟着几位侍从。穿着打扮也非普通百姓，像是例行巡视的官员。陈潢突然有点紧张，不知道是因何事得罪了官府。

"先生，您昨日可到过吕翁祠？"一位侍从模样的人问道。

陈潢不敢撒谎，点头答应着。

"此诗可是您题写的？"侍从一边说，一边从袖口掏出一纸。

陈潢不用看也知道，这上面正是昨日自己心血来潮写的诗。但他还是恭敬地接过纸张，假装认真地看了起来。心里却是七上八下的，眼前的这些人到底所为何事，实在让人捉摸不透。所以看了许久，也迟迟不敢应声。

门口的男子似乎看出了陈潢的心思，笑着解释道："先生，不用担心。我是内阁学士靳辅，准备赴任安徽巡抚，今日恰巧路过此地，有幸见到此诗，不仅字体刚劲，而且读来颇有深意，想必是一位才华横溢之人所题。又见字迹并未干透，想必所行未远，这才派人四处打听，想见一见这位才子。我看阁下气宇轩昂，举止持重，定是我所寻之人了。"陈潢听到这，终于放松了下来，忙将一行人请进屋，热情招待起来。

两人一见如故，相谈甚欢，一聊就聊到了深夜。原来，靳辅刚刚升任安徽巡抚，带着亲眷、侍从离京赴皖上任。他沿路一边欣赏风景名胜，一边也在招贤纳士。陈潢，正是他需要的人。

陈潢，字天一，号省斋，浙江钱塘（今杭州）人，出身于书香世家。他从小就聪明伶俐，喜爱读书，父母还请了私塾先生教他念书，希望他有朝一日可以科举高中，光耀门楣。如果不是科举考试屡屡不中，陈潢现在也应该和靳辅差不多，可以为官一方，造福百姓了。

但除了念书，陈潢还有一项特别的爱好——研究水利。

他的家乡杭州地处江南水乡，河道纵横，有小桥流水人家般的诗情画意，但也曾出现过暴雨连日的洪水祸害。夏季多洪涝，一旦遇上汛期，就容易引发河水倒灌，给百姓带来了许多困扰。最严重的一次，暴雨连着下了数日，河道堵塞，大水漫灌，不仅农田全部被淹没，而且许多乡亲们的房屋也都进水了，地势低的甚至整个都被淹没了。那几日，哭声、喊声不绝于耳，很多人惨死了。这件事对他的影响很大，使他萌生了研究水利的念头。在陈潢看来，这"水"就是一把双刃剑，要解决水患必须先了解水的特性。因此，他常常醉心于学习农田水利知识，期望有朝一日能解决水患，使家乡百姓安居乐业。

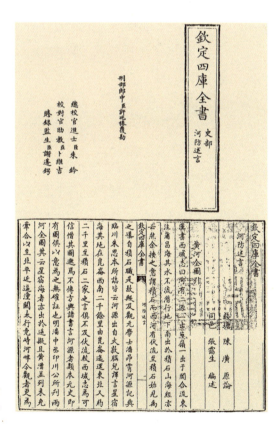

陈潢
《河防述言》书影

当然，此时的靳辅只是聘陈潢为幕僚，他显然还没有意识到，陈潢掌握的水利知识有多么可贵。陈潢也没有意识到，眼前的这位伯乐，以后会是一起并肩作战的"黄金搭档"。

二、黄河也有小脾气，可不能惹恼了

"中丞，为何事发愁呢？"这么多年下来，陈潢早就摸清了靳辅的脾气，瞧他半天不吱声，定是遇到了难题。

"天一啊，不瞒你说，我近日确实很头疼。"

"所为何事？"

"陛下刚才下了诏书，任命我为河道总督，总管治河事宜。"原来，安徽地处黄河下游，由于黄河多次决口，造成了大片荒地。靳辅在任的这六年时间里，兴水利，开荒田，安置百姓，节约了大量的经费，还增加了不少赋税，政绩显著。于是，当皇帝意识到水务问题日益严重，连漕运都受到严重影响的时候，一下子就想到了靳辅。

"只要能身体力行，则天下无不可为之事。大人，您不是一直都想做利国利民的大事吗？眼前这件事，可是功在当代、利在千秋的好事啊！只要大人您愿意做，陈潢一定全力相助。"陈潢看出了靳辅的难处，靳辅并非懦弱无为之辈，只是担心自己水平不足，对治水没有信心，若治水无功，不但自身难保，还会祸及家人。

是啊，治水不就是一件利国利民的好事吗？而一直出谋划策的陈潢不就是近在眼前的治水专家吗？此等良机，何不放手一试，为天下百姓谋福祉？靳辅一下子就被点醒了。

于是，康熙十六年（1677）四月初六日，靳辅偕陈潢一同赶往宿迁河工署（即治河总指挥部）就任。

从这一日起，两人并肩开启了长达十二年的治水事业。

黄河，也有自己的小脾气。摸不准它的脾气，就要遭受它发脾气带来的破坏性后果。

黄河自西向东，绵延不绝。它起源于高山雪域，上游水流湍急，中下游地带地势趋于平缓，流速开始变缓。因此，从上游携带而来的泥沙往往会在中下游缓慢沉积，年复一年，河床也逐渐被抬高。水流不减，加之不确定的汛期，极易造成决口或改道。虽然历朝历代统治者都非常重视黄河的治理，但是由于黄河本身处于一个动态的变化之中，加之一些治理者治标不治本，采用增高筑堤的方法来防治洪水，只顾眼前政绩，不管后代百姓，没过几年就堤岸尽毁，洪水再次泛滥。所以直到康熙即位时，"河务"对清朝来说，仍然是一项非常严峻的考验。

陈潢，显然深谙此道。

他向靳辅建议，要顺水之性，而不参之以人意。就是说治水就要顺从水的特性，研究水的脾气，掌握它的规律，因势利导，而不要以人的主观臆断去强行改变水的特性。

说干就干。一大早，陈潢就戴着草帽，蹬了一双草鞋，背着测绘工具，匆匆出门了。

靳辅看到后，不禁好奇地问道："天一，大清早的这是要去干嘛呢？瞧你这一身的装扮，不会是要去测绘河道吧？"

"是啊！一起去吗？"陈潢一边走一边高声回答道。

"这些不是古书上都有吗？黄河和运河的形势都已经有人测量过了。这么大热天的，还是别去了。"靳辅不以为然。

这话让陈潢顿时停下了前行的脚步，折了回来。"靳公，此言差矣！"他放下背包，接着说道，"虽然我们有书可查，有图可看，但是黄河并不是一成不变的，河道的深浅、周围的地形都会随着时间的推移有所变化。如果我们还是照着古书来，不就等于是刻舟求剑了吗？"

在陈潢的耐心解释下，靳辅慢慢认识到了问题的严重性，赶紧收拾了行囊，决定和陈潢一起实地走访测绘，丝毫不敢马虎。两人遍历河干，广咨博询，扎扎实实地做了两个多月的勘察，才正式进入施工阶段。

治河工程正式启动，陈潢一早就来到了工地上，指导修堤工作。

"大家辛苦了，我们要抓紧时间了，这个堤我们必须今天修完！"汛期即将到来，必须争分夺秒！直到过了晌午，陈潢才得空停下来。他席地而坐，从行囊里掏出几个被压扁了的馒头，塞进嘴里，胡乱地嚼了几下就咽下了。吃完中饭后稍作休息，就起身前往下游进行视察。

"筑堤束水，借水攻沙"，这是明朝著名治黄专家潘季驯的治河思想。陈潢曾仔细研究过这个方法，并深以为然。通过修建堤坝，可以增加水流速度，从而提高流水的携沙能力，再借助水流自身的力量将泥沙输送入海。

这样可以有效地减少泥沙沉积，泥沙被流水冲走之后，河床也渐次变深，从而有效地降低了洪涝发生的可能性。

现如今可以亲自实践并发展此思想，实乃人生的一件乐事。在实践的过程中，陈潢在前人的基础上又有了新思考，"筑堤束水，借水攻沙"讲究"合流攻沙"，此法固然对减少洪涝有效果，但筑堤非一日之功，对于一些突发的洪涝灾害，还必须有响应速度更快的应对方案。这应该如何解决呢？

走了大概两个时辰，陈潢来到了黄河的一条分支处。根据村民的反映，此段河道狭浅，遇到暴雨就会涨水。每年夏季必定是洪水泛滥，离岸近的田地全部会被淹没，两岸百姓苦不堪言。

"那从前你们都是如何做的？"陈潢在村里住了几日，一家一家地实地走访。原来，此地非常贫穷，百姓自己的温饱都不能保证，根本无暇解决水患，水患来时就往高处逃，从前也确实有人修过堤岸，最后也都是不了了之。

直到拜访到一位老者，陈潢终于找到了治水的答案。老者曾修筑过水坝，年轻时也游历过许多地方，是村里受人尊敬的长者。听说治水的官员来拜访，拄着拐杖也要出来。虽然走起路来颤颤巍巍，但精神尚佳，谈到治水时滔滔不绝。

"老先生，您刚才建议我们要'开挖引河'，可否仔细说说？"陈潢耐心地问道。他想起小时候读过的大禹治水的故事，明白"水"宜疏，不宜"堵"，但对于黄河分支具体该如何疏导，他还有些不解。

"一来，开挖引河，可以把这里多余的水进行疏导，这样上游的水流经此地就不会再淹没良田了。二来，我们将这些水引入河流速度较慢的下游，就可以增加水量，提高水流速度。正所谓，急水能攻沙，缓水可停沙。这样一来，便可以提高黄河的攻沙能力。"老先生侃侃而谈，仿佛是在描绘自己的人生理想，眼里充满了光芒。

陈潢一听，恍然大悟。"我怎么就没想到黄河分支可以引入下游河道呢？这样一来，'合流'与'分流'之法就可以合而为一了。"陈潢终于想明白了。

他决定双管齐下：在黄河分支等河道狭浅之地，采用"建筑减水坝"和"开挖引河"等方法；在河道宽阔之地，采用"筑堤束水"之法"借水攻沙"。每当有工人夸赞他治河有方时，他都会摆手笑道："我还要跟大家多取经，你们接触黄河的时日可比我久！'合流攻沙'的方法，就是村里的一位老伯向我建议的呢！"

这还真不是什么客套话，陈潢喜欢向老百姓讨教经验，并受益于此。他常说："我这些臆测的言论，不如那些亲身经历后的总结，所以凡是那些田夫、老役所说的话，我都应该认真聆听，以备参详。"每到一处地方，陈潢都会了解民情，向百姓请教经验。没几个月的工夫，他就和群众们打成一片了。

就这样，陈潢"治河"先"治沙"，在总结前人经验和充分集思广益的基础上，采用了"分流沙势""合流攻沙""统行规划"与"源流并治"等有效策略，黄河中下游河段的泥沙淤积问题得到了有效缓解，决口的水势也随之得到了缓和。

陈潢还首倡了"放淤固堤"的方法，选择河堤不甚

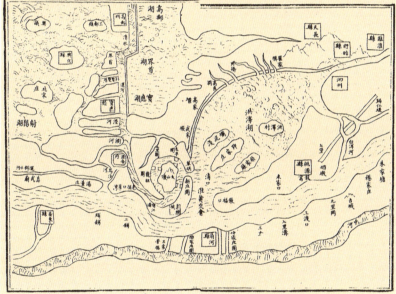

陈潢《黄河全图》（局部）

牢固的堤段建筑，然后引黄漫灌，利用河流携带的泥沙，使堤背后的洼地逐渐淤高，从而稳固堤岸，可谓是一箭双雕，不仅巧用泥沙稳固了堤基，还节约了大量的人力和物力。

与此同时，他还在实践中不断探索科学的勘测方法，创立了"测水"法："以推测土方之法，移而推测水方。"

七年如一日，不避寒暑，无分昼夜，陈潢始终坚守在治河的第一线。

从康熙十六年到康熙二十二年（1683），靳辅在陈潢的协助下，带领工人筑堤坝，堵决口，疏河道，黄河面貌终于焕然一新。

落日时分，最后一座闸坝正式竣工，陈潢终于松了一口气。他借着余晖，独自漫步在黄河沿岸，从来都没有这样轻松过。哗哗的水声很快就盖过了工人们收工的喧闹声。他选了一处高地坐了下来，背对夕阳，望着滚滚河水向东流，浪花拍岸，卷起凉风无尽。缓流之地，是难得一见的青绿色河水，被轻轻地铺上了一层落日的金粉，闪烁却不刺眼，让人沉醉。

他不禁站了起来，驻足凝望，看着天边的晚霞瞬息万变，仿佛能感受到在这漫长的历史长河里，有成千上万的先民，与自己一样全身心地投入到治理黄河的事业中。而这美丽的晚霞像是一份独一无二的礼物，奖励给那些努力奋斗的人们，带走了他们工作一日的疲倦与烦忧。

夜幕降临，百鸟归巢，伴着水声，陈潢仰面躺了下来，听着黄河翻滚的声音，轻轻闭上了眼睛。

这一日，陈潢在河边呆了很久很久。

三、开凿中运河，给漕运提速升级

康熙皇帝也得知两人治理黄河卓有成效，南巡阅工时，亲自实地察看，充分肯定了两人的功劳，赐亲书阅河诗一首，陈潢亦得嘉奖，赐参赞河务，按察司金事衔，正四品冠带。

在大家看来，这一切，都是应得的。

陈潢却没有居功自傲，相反，没休息多久，他又开始例行巡河，查漏补缺，过上了如往常一样操劳的日子。

冬去春来，黄河沿岸一改冬季的冰寒，绿草萌芽，百花待开，让人心情大好，陈潢边走边看，饶有兴致。

正在这时，耳边突然传来了"嘿呦嘿呦"的号子声，陈潢循声望去，只见十几艘大船在纤夫卖力的拉扯下，像蚂蚁般缓慢前行。陈潢决定走近去看看，他一边走一边仔细观察着。河岸上是一群纤夫，二三十人为一组，齐心协力，喊着号子，"嘿呦——嘿呦"，牵引绳已经深深陷进了肩膀，但船好像一点都没有动，水流的冲击力与纤夫的拉力形成了一种恼人的抗衡。河道里有十几艘货船，上面载着满满的货物。陈潢凭借多年的治河经验猜测，这大概是运输江南漕粮的。

"这能行吗？我看这后头还有好几艘船！"一旁的随从都为纤夫捏了一把汗。

"这恐怕是要些时日的，短则一月，长则数月。我大哥就是干这行的，可辛苦了。"另一名随从答道。

陈潢皱了皱眉头，早就知道漕运艰难，可没想到是眼前这般的辛苦。

这段仅有一百八十里的黄河（指古黄河），一直是漕运中最难行进的路段。漕船出了江苏清口北上，都必须经此一段。水流湍急，逆水行舟，不进则退，要是再遇上大风大浪的日子，三四十个纤夫拉着都难以前行。漕船往来期间，屡屡遭受危害，百姓深受其苦，朝廷也为此深感头疼。

运河与黄河的关系十分密切，两者相互交错，互相影响。

这条人工开凿的大运河，南北走向，起于北京，南至杭州，贯通河北、山东、江苏、浙江四省。此运河的开凿最早可以追溯到春秋战国时期，之后的历朝历代也都进行了不同程度的疏凿与完善，尤以隋炀帝开凿京淮段至长江以南的两千多公里运河最为出名。大运河一直以来都是漕运要道，关系到国家的经济、政治等方方面面，因此，历朝历代的统治者都对大运河格外重视。

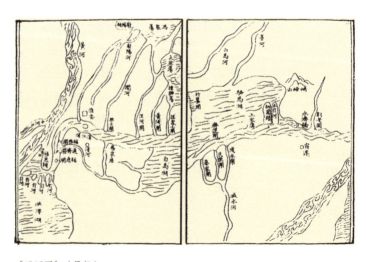

《运河图》（局部）

原本，从徐州以北的茶城到靳辅在清江浦（今江苏淮安）城外督修的双金门大闸，其间的五百多里河道，既是黄河河道，又是运河河道。后来，明朝为了减轻黄河对运河的影响，采用了黄、运分离的策略。先是在山东邹县的南阳镇至留城开辟了长一百四十一里的新运河，后来觉得还不够，又从山东微山县到江苏邳县开辟了一段二百六十里的伽河。清康熙十九年（1680），靳辅又继续开河，开辟了上接伽河，下到江苏宿迁张庄，长六十里的皂河。

陈潢回忆着有关运河的一点一滴，突然心生一计！

为何不继续开凿人工河？

人工河相比天然的黄河来说，水面更加平稳，更有利于船只航行。让黄河、运河并用的河道尽可能地分离，就可以使漕船尽可能地免受此般艰险。

陈潢一路小跑着回到住处，打开地图，仔细研究起来。

"对，就这里！张庄至双金门大闸！"要是能开通此段人工河，漕船就不用过现在的一百八十里黄河了！陈潢决定立刻向靳辅汇报，尽快奏请朝廷。

"你忘了我们当初开皂河的艰难了？"靳辅听完陈潢的一番慷慨陈辞后，皱了皱眉头。想到当初开皂河，也是屡次受阻，花费了好多力气，心中不免有些担忧。

"靳公，黄、运合流，自古以来就是治河的重难点。虽然我们治理黄河已经得到了皇上的认可，但您是知道的，运河里那些漕船的通行，才是皇上最为看重的！"

"话是没错，但是……"

还没等靳辅说完，陈潢就接过了话茬："大人，前明就开始实践黄、运分流，如今这五百四十里河道就只差这一百八十里没有实现了。虽说开河花费的财力肯定不少，想必会层层受阻，但我们治河就应当为百姓计深远……"靳辅预感到陈潢又要开始讲道理了，赶紧找了把椅子坐了下来。

靳辅终究是经不住陈潢的劝说，没过几日，就奏请朝廷了。

如靳辅所料，确实困难重重。好在早有准备，陈潢等人进行了严密的考察，制订出一份周全的施工计划。靳辅在面对文武百官的质疑时，可以对答如流。最终，诏令颁布，康熙二十五年（1686），中运河开凿的工程正式启动。

在陈潢的协助下，靳辅除了治理黄河外，还在黄河北岸开启"挖中运河"的工程。康熙二十六年（1687），中运河正式竣工，从此，漕船在出清口后，顺利进入中运河，有效避开了黄河之险，将运期缩短了整整一个月！

诗人们纷纷提笔作诗，有高钥写下《宿迁道中》一首，描述中运河开通后的情景：

> 长堤夹舟行，千艘乘风便。
> 岸直水如弦，风正帆如扇。

漕运顺畅，利国利民，南北运河之全局终于定下了。

四、是谁敢动我们的"奶酪"？

一切，都在朝着好的方向发展。

但陈潢等人的命运，却将迎来转折。

这已是陈潢治理黄河的第十二个年头了。他望着自己亲手治理的河流，像是看着自己从小养大的孩子一般，满眼的宠溺。他骑着马，沿着河道视察。真是大变样了，当年被河水淹没的田地，如今已经逐渐露出，还零星地长着些野草野花，一片生机盎然。

他翻身下马，用手捧起了一抔土，是深褐色的，由于久浸着黄河水，还有些湿润，摸上去软软糯糯的。"土质不错，可以种庄稼。"他心里琢磨着。

黄河沿岸本来常年都会出现洪涝灾害，所以靠近河岸的土地一直都处于废弃的状态，如今不一样了，这些土地不仅完全露出，而且土质松软适宜开垦种植。于是，他向靳辅提议，可以采用"屯田"的办法，让百姓们屯居垦殖，发展农业经济。这样一来可以安置一部分无业游民，使沃土不至于荒废，二来还可以筹措治河经费，用农户交纳的屯粮来弥补治河经费的不足。

"这个主意不错！"靳辅听到陈潢的这个提议，很是高兴。他这段时间正在为治河经费的来源而发愁，这个提议如同久旱逢甘霖，解决了自己的燃眉之急。

两人一拍即合，立即上奏皇上。或许是由于路途遥远，两人迟迟未等来皇上的允准。见土地已荒废半月有余，两人大着胆子，还未等到皇上批准，就安置了一批民众，照章纳税，以补充河工费用的不足。

但两人没有料到的是，就是这一桩"好事"，这一项利国利民的举措，被一些别有用心的小人抓住了把柄，最终酿成了大祸。

在开始实行屯田后，许多贫困百姓获得了土地，可以凭借自己的双手创造美好的生活，这引起了一些豪强大户的不满。一方面，这直接触动了这些权贵的"奶酪"，他们本来也是通过出租土地来获取利益的。另一方面，这些未开垦的沃土着实让人眼馋，他们也想来分一杯羹，纷纷不择手段地抢占良田。靳辅、陈潢等人很快就发现了问题，想要依法严肃处理，这引来了他们更大的不满。于是，他们勾结贪官污吏，攻击靳辅、陈潢是"屯田扰民"的"奸佞小人"，还上书京城，惊动了朝野。

不久，"屯田扰民"的罪名就落到了靳辅、陈潢的头上。康熙二十七年（1688），陈潢被押送入京，途中忧郁含恨，因病去世。

五、黄河清，天下平

康熙三十一年（1692），陈潢得以平反昭雪。

他将短暂一生中最宝贵的年华都奉献给了自己所热爱的事业，却至死也未能实现"黄河清，天下平"的理想。因河而生，因河而死，是他一生的真实写照。

在被押送进京的途中，在那个狭小肮脏的囚车里，他又远远地望了一眼黄河。河水奔腾而下，咆哮着，怒吼着，像是在为他喊冤。但沿岸依旧平静如初，牢固的堤防像是一道道屏障为百姓筑起生命的保护墙，条条引河像是毛细血管联通了江河湖泊，疏解了汹涌的河水。得见此景，也算是完成了一部分心愿。

剩下的那部分心愿，永远地藏在了那封被驳回的奏疏里。

在总结前人经验和亲身实践的基础上，陈潢治河的成效显著。与此同时，他也对治河有了更全面的理解和更高的追求。他充分认识到，要想全面、彻底地治河，就必须将上、中、下游进行统筹规划，而"非于患处治之也"，应"推其所以致患处"。他以全面辩证的眼光来分析判断问题，分析了黄河之所以"善淤、善决、善徙"的根本原因，指出由于黄河源远流长，加之上游所在的西北地区沙松土散，所以河水挟沙而下，愈来愈浑浊，最终造成淤积甚至决口。正因如此，他提出要想黄河长治久安，应该着眼于河流的长期发展，摒弃"头痛医头、

陈潢
《天一遗书》书影

脚痛医脚"的旧思想，必须齐抓共管，不能单纯地只在中下游束水攻沙、引流疏浚，还应在上游治理泥沙，统一规划，源流共治。

当然，以此种方法治理黄河，势必需要大量的人力、财力。于是，靳辅上书皇帝，在这道奏折中详细地阐释了陈潢的治河理论。但因故皇帝并未采纳，驳回了这道奏折。

也正是由于奏折被驳回，治河资金的不足，间接导致靳辅和陈潢采用"屯田"的方式来筹措资金，最终酿成悲剧。

陈潢逝世后，黄河仍时有决口之事发生。于是，新上任的河督们仔细研读靳辅、陈潢的书稿，参照着陈潢的办法治理黄河。终于，在几任河督、几代河兵、数百万河工的共同努力下，我们看到了"黄河清，天下平"的太平景象。

康熙五十岁寿辰之际，现任河督将此大礼敬献给皇上。康熙大喜，欣慰地宣告全天下：四海升平，河工告成！"河务""漕运"，这两件康熙皇帝的心头大患，终于完美地解决了！

成功来之不易，陈潢作为治河理论的先行者功不可没。陈潢曾在生前撰写了一些论著，并愿此"宣防之法，可资后人遵守"，希望有后人可以借鉴自己的经验，保黄河太平、百姓安定。现在，他的愿望终于实现了。

但遗憾的是，这些论著大部分已经散失了，仅留存了以靳辅的名义撰写的《治河方略》，以及他的同乡张蔼生和高中翰先后搜集其部分遗稿后汇编而成的《河防述言》《天一遗书》。幸赖于此，我们现在还能一睹陈潢的治河理念。

黄河、运河，日夜奔流，哺育着我们，滋养着我们，也把灾难带给我们。如何趋利避害，如何化险为夷，如何清黄河、护运河，是我们一代又一代子孙永恒的使命。

［人物名片］

陈潢（1637—1688），字天一，一字天裔，号省斋，清浙江钱塘（今杭州）人，清朝治河名臣。年轻时攻读农田水利书籍，并实地考察，精研治理黄河之学。安徽巡抚靳辅见其邯郸吕翁祠题诗而异之，聘为幕客。主张明潘季驯束水攻沙之说，治河以导为主。康熙帝南巡阅工，特赐参赞河务、按察司佥事衔，在他负责治河期间的黄河安然无患。后因被谗押送入京，未入狱，病卒。张蔼生采其所论，成《河防述言》。

参考文献

1. 张润生、陈士俊、程蕙芳：《中国古代科技名人传》，中国青年出版社，1981 年，第 358—366 页。

2. 曾奕禅、卢启元、潘德伟：《攀登与攻关：科学先驱者的足迹》，福建人民出版社，1981 年，第 119—122 页。

3. 王超等主编：《古诗词轶事传说》，河南人民出版社，2002 年，第 630—633 页。

4. 张㧑之、沈起炜、刘德重主编：《中国历代人名大辞典》，上海古籍出版社，1999 年，第 1355 页。

5. 朱永奎：《中河之父陈潢的悲剧人生》，《江苏地方志》2010 年第 1 期，第 35—36 页。

6. 苑明晨：《论陈潢治河》，《人民黄河》1988 年第 6 期，第 62—64 页。

7. 宋德宣：《陈潢治河简论》，《杭州师院学报：社会科学版》1986 年第 2 期，第 76—82 页。

第九章

智勇双全，
爱玩『火』的军械制造大师

所造连珠铳，形如琵琶，火药铅丸，皆贮于铳脊，以机轮开闭。……又奉命造子母炮，母送子出坠而碎裂，如西洋炸炮，圣祖率诸臣亲临视之，赐名为"威远将军"，镌制者职名于炮后。亲征噶尔丹，用以破敌。

——《清史稿》卷五百五

一、报！准噶尔部落公然叛乱

"噔噔噔——"急促的脚步声，使者行色匆匆，直奔养心殿。

还未等门卫通报完毕，使者就已经出现在养心殿内："皇上，北方边地有要事来报，准噶尔部落突然起兵，密函在此。"

正在批阅奏折的康熙皇帝，听到"准噶尔"三个字时突然停笔，脸色骤然阴沉，他抬起头，定了定神，命人取来密函。"准噶尔部落的首领噶尔丹在罗刹国的策动下，已经率领十万骑兵入侵喀尔喀蒙古，公然发动叛乱……"战事迫在眉睫，北方重地已经危机四起，为了祖先们的遗训，为了大清的江山，这场仗，看来是非打不可了！

这一年，是清康熙二十七年（1688），正值壮年、励精图治的康熙皇帝毅然决定御驾亲征，平定准噶尔叛乱。

康熙二十九年（1690）六月，一切准备就绪，清军浩浩荡荡地奔赴战场。北风卷地，狼烟四起，地形不熟，天气多变，都让这一仗从一开始就显得非常艰难。

消息传来，清军右翼军不敌准噶尔叛军，几乎全军覆没，血腥味飘荡在空气中，久久未能散去。康熙皇帝当机立断，改命康亲王杰书率领右翼军屯驻归化（今内蒙古呼和浩特），前后夹击，切断了叛军的归路。

八月，战事变得更加胶着，双方不分上下。此时，清军左翼军遭遇噶尔丹亲率的一众部队，即将在乌兰布通殊死一战。此战至关重要，对最终结果起着决定性的作用。

噶尔丹非常熟悉这里的地形，对这处依山傍水的据点也非常满意，信心满满。但经过前几次的交手，噶尔丹对清兵也不敢有丝毫轻视，他紧急召集部下，商议计谋，制定出了一套堪称完美的计划——制作"骆驼城"。在广漠的北方大地上，骆驼是一种常见的牲畜，也是运输物资的好帮手。骆驼健硕，体格壮实，噶尔丹正是看重这一点，一声令下，征集了一万多头骆驼，用绳子将它们的四脚捆绑住，使其卧趴在地上，远远看上去俨然是一面土黄色的城墙。紧接着，他又命人在驼背上安装箱垛，再在上面铺上一层浸湿的毛毡，一匹接着一匹，头尾相接，环绕如栅栏，连成了一座厚实严密的"骆驼城"。这样，士兵们在作战时就可以躲在骆驼后面，利用间隙向清军发射暗箭，既能出其不意，又能有效防护，可以说进可攻，退可守，堪称完美。

可惜，噶尔丹还是错误地估计了清军的实力。

眼见浩浩荡荡的一片骆驼驻扎在远处，清军统帅示意部队暂停前进，命先遣部队出发探查敌情，看看这噶尔丹葫芦里卖的什么药。

"报告将军，前方是一片由骆驼构成的障碍物，后有敌军，主要武器为暗箭、火铳。"

看着先遣部队只有匆匆一人回来，将军知道这一大片骆驼很难对付，必须调整战略，绝不能让敌军得逞。这一仗，只能赢，不能输！他回头望了一眼队伍最后的秘密武器，眼神变得坚毅起来。

"把'威远将军'请上来！"将军下令。

"威远将军"并不是一位真将军，而是一门大炮。它是由科学家戴梓制造完成的一门子母炮，体小而轻，重约三百斤，炮弹壳系生铁铸造，形状似圆瓜，重达二十多斤，母送子出，坠而破碎，旋即爆炸。此外，此炮可以根据需要加减用药来控制射程的远近，操作方便。正是由于其威力巨大，故康熙皇帝赐号曰"威远将军"。

"开炮！"左翼将军大手一挥。炮枪手火速上弹，不一会，只听到一声巨响，大炮像一头黑色的怪兽，发出了声嘶力竭的怒吼。紧接着，炮口处冒出了一股浓浓的白烟，片刻之后，火红的炮弹就从炮口飞射而出，像流星般快速地划破了天际，"嗖——嗖——"瞄准目标，直击"骆驼城"。当炮弹接近目标时，只听"轰——"的一声，炮弹瞬间炸裂开来，弹片四射飞溅，深深地扎进骆驼的肉里，"骆驼城"里传出阵阵惨叫。有的骆驼受到炮弹巨响的惊吓，胡乱挣扎着，有的骆驼不幸被弹片击中，已经奄奄一息。敌军从未遇到过如此威猛的武器，被打了个措手不及。士兵们一下子乱了阵式，靠着骆驼庞大的身躯东躲西藏，才能勉强躲避炮火。

开了三炮后，"骆驼城"已经元气大伤，形同虚设了。

屏障已除，是时候派兵上阵杀敌了。"冲啊！——"一声令下，清军向敌军发起了猛烈的攻击。刀光剑影，炮火连天，激战数日，清军终于攻进了敌军的大本营，噶尔丹见大势已去，仓皇而逃。清军乘胜追击，歼敌数千，大获全胜。

这一仗，打得非常漂亮，清军取得了乌兰布通战役的巨大胜利，士气大振，敌军则实力大减，损失惨重，曾被其征服的回部、青海、哈萨克各部纷纷投靠清军，蒙古全境得以暂时平静。

这一仗，"威远将军"有着不可磨灭的功劳，而他的缔造者，便是清朝初年著名的军械制造大师——戴梓。

二、初见，有浩然正气

戴梓先生不仅有着武将的雄姿英发，还有着书生的儒雅风流，浑身上下透着一股浩然之气，双眼仿佛能看穿一切破绽，让人不敢与其对视。他身材高大，皮肤白皙，脸庞轮廓分明，又有着少见的美须髯，让人不由自主地就会在人群中多看他几眼。

戴梓还是一个小娃娃的时候，其独一无二的气质已然开始显现。

清顺治六年（1649），戴梓来到这个兵荒马乱的世界。明朝已经灭亡，清朝刚刚建立，一切都在破坏中重建着，在失望中希望着。好在此地是浙江仁和（今杭州），比起北方金戈铁马下的满目疮痍，江南水乡的温柔里藏着生生不息的力量。

当戴梓还是一个小娃娃的时候，就已经对兵器制造产生了浓厚的兴趣，这自然离不开他父亲的影响。戴梓出生在一个官宦之家，父亲戴苍曾任明朝监军道之职，负责军人作战时的赏功罚罪，他自己也是一名勇士，带兵杀敌无数。此外，戴老还擅长绘画，精通诗文，闲暇时也喜欢参加诗社活动。

父亲的这些性格、天赋、爱好，几乎是原封不动地遗传给了戴梓。

戴梓四岁那年，父亲出海打击海盗，不幸负伤，血流不止。戴梓看着母亲给父亲上药、包扎，鲜血染红了层层纱布，父亲却没喊一句疼，只是皱着眉头，紧咬着牙。戴梓被这个场景吓坏了，躲在门后远远地望着父亲。

父亲看到了戴梓，将他喊到了身旁。

"梓儿，不要怕，没事的。"看到儿子害怕的神情，父亲强忍着疼痛，轻轻拍了拍他的小脑瓜。

"爹，你这是怎么了？"戴梓又走近了点，指了指伤口的位置，轻声问道。

父亲没有回避问题，相反，他拿出了此次出海的各种装备，包括那一身沾满鲜血的战甲，向戴梓道明了这次受伤的前因后果、来龙去脉。戴梓似懂非懂地听着，突然，他抬头望着父亲，奶声奶气地说道："爹，我还小，还没法为你杀贼报仇。等我长大了，我一定帮你杀了那伙欺压百姓的贼人！"说罢，还拿起了一旁的兵器，上下挥舞着，像是一位正义使者，在宣布最终判决。

父亲被戴梓的举动吓了一跳，但看着这稚嫩的孩子说出这般壮志凌云之语，觉得有点滑稽，又深感欣慰，不禁哈哈大笑起来。他蹲了下来，两只手捧起戴梓的小脸，认真地夸赞道："小小年纪，勇气可嘉，孝心可鉴。"

父亲平时喜欢研究兵器，而且还喜欢将这些五花八门的器械分门别类地绘制下来。此外，他还珍藏了许多兵器制造方面的书籍。刚处于启蒙阶段的戴梓对这些五颜六色的图画非常感兴趣，弓箭、长枪、大刀、短剑、钢叉……通过不同的颜色和形状，小小年纪的他就已经可以将不同的兵器分得一清二楚了。十一岁的时候，在父亲的鼓励下，戴梓还参与了一次军械制造，并成功地研制出了一种能发射百步之远的火器。

父亲能文能武，戴梓也同样很有天赋。在私塾先生的悉心栽培和父母的熏陶下，年仅十二岁的戴梓就写下了"有能匡社稷，无计退饥寒"的诗句。

这句诗，表明了戴梓想要立志报国的宏愿，也透着抑郁不得志的悲愤，空有一腔报国之志和匡扶社稷之能，却无力解决眼下之饥寒。谁都没有想到，儿时之言，最终一语成谶，成了他一生的真实写照。

儿时的记忆都像树根一样，越扎越深，越走越远，以至于我们很多时候都忘记了它的存在，我们只看到那苍天大树，殊不知这一枝一叶，都仰仗着看不见也摸不着的树根。

三、三藩之乱，初露锋芒

十多年后，戴梓长大成人，如愿以偿地参军了！

清康熙十二年（1673）春，年仅二十岁的康熙皇帝力排众议，下定决心要裁撤三藩。三藩指的便是赫赫有名的平西王吴三桂（封云南）、平南王尚可喜（封广东）、靖南王耿精忠（封福建），是清军入关时统一南方各省的重要力量，为清军一统天下作出了重要的贡献。但随着时间的推移，三藩拥兵自重，势力逐步扩大，已经影响甚至动摇了中央的权力。这成了康熙皇帝的心头大患，在他真正掌握朝政大权后，就决心撤藩。

康熙十二年三月，平南王尚可喜请求归老辽东，康熙帝顺势同意撤藩。七月，吴三桂假装奏请撤藩，康熙帝下旨允准。吴三桂得此消息，非常失望。

"唉，看来皇帝早就容不下我等了。上月奏疏，谎称眼疾，请求解除总管云贵两省事务。本是想打探虚实，希望得到朝廷挽留。未承想啊，皇帝竟然早就想除掉老夫了。"吴三桂读完京城线人的密报，整个人像是丢了魂，一个人走进了书房，闭门谢客。

"王爷，有人求见。"

"不见，谁都不见，让我一个人静一静。"

还没等吴三桂说完，一众人就跪倒在门前："臣等愿为大王效犬马之劳，誓死守卫。"来的都是跟随吴三桂多年的心腹，虽然早就听闻撤藩风声，但仍心存侥幸。此次闻讯而来，大家都心照不宣。

于是吴三桂表面奉诏撤藩，背地里却与心腹一起谋划，暗中部署兵马，勾结各省旧部，又与耿精忠联络应和，准备起兵叛乱。

康熙十二年十一月，吴三桂在云南正式举兵反叛，云南巡抚朱国治被杀于平南王府。次年二月，驻福建的耿精忠起兵响应。叛乱之初，平南王尚可喜坚持效忠清廷，在广东坚持抵抗叛军。康熙十五年（1676）二月，尚可喜之子尚之信率官兵投降吴三桂。

福建的靖南王耿精忠反叛之后，清康熙十三年（1674），康熙派康亲王杰书为奉命大将军，赴浙江平叛。戴梓也就是在这个时候应康亲王之聘从军，开启了人生的新征程。

康亲王久闻戴梓之名，备下厚礼召聘他。戴梓前脚刚进军营，康亲王就走出营帐亲自迎接。戴梓感动于康亲王的礼遇，向他陈说天下大势，认为不用过分忧虑割据和反叛势力。康亲王第一次听到此番有理有据的言论，十分高兴，将戴梓奉为上宾，请他参谋军事。

康熙十五年，康亲王已经带兵转战浙江一年多，由于形势严峻，进军速度缓慢，战事一直在浙江境内蔓延。康熙皇帝已经两次催促康亲王率军进入福建，显然是有些不耐烦了。

恰恰在这个节骨眼上，戴梓又离开了。

此日深夜，戴梓照例与各位军官商讨敌我双方的态势。

一侍从突然传信给戴梓："家中有急事，请您速速回去。"

戴梓心里一惊，顾不得许多，当即拆开了信封，才看了一行字，眼泪就开始在眼睛里打转，担心的事情终究还是来了——噩耗传来，父亲去世了。他强忍着泪水，讨论完了下一阶段的战略部署，才向康亲王请辞回家服丧。

可没过多久，康亲王不等戴梓服丧期满，就急令他回到军中，研究进军之策。原来，康熙皇帝已经第三次下令，命其迅速进军福建，捉拿叛贼。事不过三，康亲王感到情况非常紧急，如果此次再违背旨意，后果将不堪设想，只得全力筹划进军福建之行动。于是，他不顾戴梓尚在服丧期，三番五次地命戴梓回营了。

"戴先生，您可算回来了！事出紧急，实在是对不住了！"康亲王见戴梓整个人都瘦了一圈，一脸憔悴，十分痛心。

"国事为重，王爷不用自责。"戴梓拜见，入座。

由于服丧期间过于哀痛，戴梓左目失明，但他仍彻夜研究地形，谋划战事。在戴梓的参谋下，清军很快就取得了突破性进展，占领了江山县，此地位于浙江西部，为由浙入闽的要冲，具有重要的战略意义。

耿精忠见此情形，知道朝廷进军福建是势在必行了，决定出一重击，派出大将马九玉扎营于九龙山，下令不惜一切代价，全力抵抗，阻断清军前进的脚步。

清军前路受阻，战守未决，前路迷茫。康亲王与各位将领都一筹莫展。

此时，戴梓向康亲王献计："守固不可，战亦非计。臣有一计，可破此局。"戴梓率先打破了沉默。

"戴先生，请讲。"康亲王内心一喜，大家都沉默不言，终于有人发言了。

"上兵伐谋，其次伐交。上策是不战而胜。如果能说服马九玉，使其投降，也就是用疏导的办法，才是不费一兵一卒的上上之策啊。"

康亲王觉得此法虽好，但也有诸多不确定的因素，甚是担忧："戴先生，此法当然是上上策，只是敌方强劲，马九玉也是带兵多年的老将，如何说服？派何人去？有几成把握？"一连三问，众人面面相觑，都不敢接话。

又是戴梓毫不犹豫地站了出来："王爷，臣愿意冒险一试。马九玉虽是老将，但此战不义，作为叛军，必定心虚，诚心劝导，或许可以成功。如果失败，再战也不迟。"他双手抱拳，字字铿锵有力。

事不宜迟，康亲王即刻下令，命戴梓前往马九玉营中招抚。

为了避免敌军的怀疑，戴梓决定不带随从，只身一人前往叛军营地。

"足下何人，所为何事？"马九玉声色俱厉地问道。

"在下戴梓，奉书大将军足下谋士，此次前来，有要事相商。"戴梓镇定自若地回答道。

马九玉见其孤身一人，慢慢放松了警惕："康亲王派来的使者？莫不是来投降的吧？"他有点不屑，嘴角不经意地微微上扬。

"素闻将军有勇有谋，不仅骁勇善战，更是正直果敢，今日一见，果然如此。"戴梓这么一夸，马九玉虽然面不改色，但已全然不似刚才那般严厉，还随手拿起酒壶喝了一口酒。

戴梓见状，一改话风："但是令人不解的是，如今您竟也糊涂到跟随耿精忠这等贼人负隅顽抗？"

"你说什么？"马九玉的怒火一下子被点燃了。

"将军，请不要自欺欺人了，耿精忠等人所战为何，您不会不知道吧。难道是为天下苍生，为黎明百姓？呵，真是可笑至极！为一己私利而大杀四方，现如今，血流成河，尸横遍野，实乃我大清之罪人。将军与此等人为伍，难道不是糊涂？此等不义之战，必遭后世唾骂，将军您还是早日回头，莫要再受贼人牵累，身家不保！"戴梓凭着满腔热血，一气呵成。

"呵呵！原来是来劝我投降的。"虽然早就知道所行不义，但今天可是第一次被人指着鼻子骂，马九玉倒是真没料到，冷笑了一声，想要掩盖掉内心的震颤。可是开弓没有回头箭，事到如今，只能继续打下去。马九玉准备让手下将这个能说会道的使者拖下去。

但戴梓是个聪明人，他听出了这声冷笑背后，是马九玉在强作镇定。还没等马九玉再次开口，他就趁胜追击，继续劝说道："将军，您大概是有所不知。现如今，耿精忠的大部队士气低迷，已经远不如从前了。您占据的九龙山虽然地理位置绝佳，易守难攻，但若无充足的援兵和粮草，怕也是撑不了多久的。再者，康亲王不久前占领了江山县，将士们个个都气势高涨，朝廷又增派了援兵，不日便会到达，到那个时候，打下九龙山只是时间问题了。倒不如早日弃暗投明，只当是您一时糊涂犯了错。王爷定会善待大将军。我临来前，王爷也已经许诺，日后定不相负。这是他的亲笔信，您请看。"就这样，戴梓一步一步地瓦解了马九玉的心理防线，竟然真的劝服了马九玉率众归降。

清军取得了突破性进展，为其后顺利进兵福建，奠定了坚实的基础。叛军投降那日，康亲王大设宴席宴请戴梓，对他的勇气和智谋大加称赞，并任命其为监军道，随军入闽，继续招抚反清武装。

康熙十六年（1677）三月，南下广州潮州，成功招抚刘进忠。

康熙十七年（1678）初，吴三桂部将韩大任归降。

……

看似动动嘴皮子的功夫，实则不仅需要出众的口才，更要有强大的内心。这不是合作谈判，而是招抚叛军，怀疑、抵抗、关押、囚禁，都还算好的，一个不小心说不定就命丧黄泉了。

戴梓犹如在刀尖上行走，每一步都必须格外小心，每一次成功也格外可贵，对清军顺利平定叛乱和瓦解部分反清武装起到了重要作用。

招抚，自然是上上策。但叛军显然不是都吃这一套的，顽强抵抗、誓死不降者也大有人在。

这一次，戴梓又向康亲王献上一计——"真枪实弹，正面出击"。他向康亲王申请"研究经费"，想要制作一款连珠火铳，提高清军的作战实力。

这怎么能不同意？这简直是天助我也！

康亲王立即下拨资金，调拨人马，顺带还给戴梓修整了一大块空地用以试验。准备就绪，戴梓也紧张地投入到武器制作的工作中。他没日没夜地研究着，在夜深人静的夜晚，除了巡逻士兵行走的簌簌脚步声，只听得戴梓营帐中敲击铁块的咣咣声。黑暗中，除了几处照明的火把，只有戴梓的营帐灯火通明。

远处传来的十几声间隔均匀的巨响，表示连珠火铳终于问世了。

此武器形状如琵琶，铳背是弹匣，可以装填二十八发火药铅丸，用机轮可以控制开闭。它有两个机轮，相互衔接，扣动一个机轮，火药铅丸就会掉落到筒中，第二个机轮就会随之而动，击石喷火，点燃火药而射出子弹。一共可以连续发射二十八发子弹，用完后需要重新装填新的子弹。这种新式武器不仅是中国火器史上的一项重大发明，在当时也遥遥领先于世界各国。

"这个武器好！我们军队有了它，一定会实力大增的！"康亲王见到此物，甚是欢喜。

"厉害，真厉害！"一同观看演示的军官们也都同声附议："这个火铳好啊，比那种一弹一装的火铳方便多了，可以节省很多装填弹药的时间呢！""是啊，这还是自动点火，比用火绳点火快多了！"

部队的硬件配置提高了，军队的士气陡增。新式武器在手，清军如虎添翼，在新一轮的战争中，连珠火铳展示出了其强大的优势，连续发射、火力全开，让敌军始料未及。战场局势有了新的转机，全面胜利的曙光近

一五百斤大銅礮分打連環以六十尊
分為四隊候令箭一調均按
一字排定每隊
各十五尊礮兵
各随礮立定候
令箭一押各隊
先將中間一尊並兩首
之各一尊掌火齊發以
次每隅二字工夫從一首挨次徐徐接點
輪轉不斷礮聲即可相連要在司礮兵
丁歸膛裝藥速快大礮連環練法當如此
如大小銅
礮分打
連環仍
與分打
連環無異

大铜炮（引自《兵技指掌图说》）

馬槍練法與馬箭無異裝藥下
子磕貫門藥手快為善至取
準之法用左手將槍口向上
拏住右手拏住扯手待馬
跑穩即將槍口向右裝
藥下子後將槍口復向
迎面托之槍口須高
揚再貫門藥隨用右
手大指在火門
一按以免風吹
之虞即摘繩夾火揚
鞭打馬攏槍尾待馬
跑至距靶斜對三十弓許
平槍貼臉迎槍照靶懸膽
打之槍响後左手托槍右手
攏馬報名馬槍練法當如此

马枪（引自《兵技指掌图说》）

在眼前了。

前有斗智斗勇的招抚工作，后有举世无双的新式武器，枉软硬兼施的军事战略指引下，康熙二十年（1681），持续八年之久的"三藩之乱"终于被平定了。

四、屡立奇功，科技通才当之无愧

戴梓随康亲王凯旋回京，受到了康熙皇帝的亲自接见。听闻戴梓不仅智勇双全，还能文善画，康熙皇帝很是高兴，授以翰林院侍讲，入直南书房。不久，又改直养心殿。

南书房和养心殿，这两处地方可不简单，是康熙皇帝读书的地方，也是皇帝起草文书、下达旨意的地方。能在此处当值，可见皇帝对戴梓的赏识。

虽然离开了军营，但戴梓没有放弃对军械装备的热爱。工作之余，捣鼓些枪支弹药，便是戴梓一天中最幸福的时刻。一个是拿着俸禄的工作，一个是自己喜欢的爱好，能同时拥有两者已经是普通人的幸运了。戴梓做梦都不会想到，有一天，"爱好"会变成"工作"，这等美差，居然被他遇上了。

康熙皇帝对戴梓的军械制作才能早就有所耳闻，但百闻不如一见。康熙二十五年（1686），荷兰国使臣向朝廷进献了许多奇珍异宝，还特意介绍了其中的一种鸟枪。此鸟枪不仅长得奇怪，名字也很奇怪，叫蟠肠鸟枪，大约是一种旋膛（线膛）枪。荷兰使臣强调这是一种很先进的武器，如若皇帝喜欢，可以再进贡一些。

本来看个新奇的康熙皇帝听到此话，顿时心里有些不快：我大清泱泱大国，还需要你等小国提供鸟枪？他迅速收起笑意，不屑地说道："尔国的美意，朕心领了，不过这种鸟枪，朕的大清早就有了，这支就暂且留下吧。"

使臣怎么都没料到会是这样一个结果，从没听闻大清有此种鸟枪，心里真是憋了一肚子的火，无处可出，又心存疑虑，无处可问。

的确没有，大清上下压根就没有这种鸟枪。

康熙皇帝也在一个人生着闷气，一回到养心殿，便将戴梓召来，命他尽快造一支一模一样的蟠肠鸟枪出来。很快，戴梓就仿制了十支，回赠给了荷兰使臣，挽回了大清的颜面。后来，又有葡萄牙进贡了一台佛郎机炮，戴梓花了五天时间便仿制成功了。

屡屡得到皇帝赏识，难免会被人嫉妒。时任钦天监监正的是一位比利时人，名叫南怀仁，本来很受皇帝的器重，可自从出了个戴梓，他的地位就大不如前了。在平定三藩之乱时，南怀仁曾负责制造火炮，得到了皇帝的嘉赏。为了稳固自己的地位，他四处制造风声，声称冲天炮出自其母国，威力无穷。

如他所愿，此话很快就传到了康熙皇帝的耳中，遂命南怀仁制造此物。但一年多的时间过去了，仍然没有制造出来。这让康熙皇帝感到非常失望，便改命戴梓制造。戴梓只用了短短八天就制造成功了。

康熙二十六年（1687）二月初五日，康熙皇帝在芦沟桥西王家岭观看八旗火器演习，并下令试放冲天炮，一举成功。康熙皇帝大喜，命令侍卫将戴梓的名字镌刻在炮后，并定炮名为"威远大将军"，这就是后来在乌兰布通战场上起到关键作用的火器。

冲天炮的一举成名，再一次证明了戴梓非凡的火器制作水平，也直接导致南怀仁的声望大减，这让南怀仁又恼怒又羞愧，将这些全部怪罪到戴梓身上，打压、排挤戴梓的大戏在宫中悄然上演。

其实戴梓是根本不怕南怀仁的，他能做的事情太多了，哪里需要靠制造火器出名，不过是皇恩浩荡，君命如山，发挥所长为国出力而已。

戴梓可不光是武器制造的行家里手，他简直就是一位科技通才。

他还是一位精通机械原理的工程师。康熙十八年（1679），也就是在"平定三藩"的过程中，福建清兵为了征讨敌军占领的厦门，需要建造一批战舰，急缺十三丈的桅木，总督姚启圣将此重任下派给了戴梓，命他率人入山伐木。可到了约定的期限，迟迟不见人影，总督勃然大怒，派信使持军令至，要"取戴梓首级来！"。

此语一出，吓得伐木工人的腿都软了。

戴梓却面不改色地对信使说："我的首级，难道可以当作桅木来用吗？再给我三日，定会给你一个交代。"

于是，戴梓安顿好信使，加速制造辘护机械。原来，戴梓早就料到运输之艰难，好的木材往往生长在高山上，道路崎岖，而且这些木材往往又高又重，仅靠工人以人力搬运木材是根本不可能在期限内完成任务的。于是，他想到利用机械原理制造辘车，通过辘道进行运输。

所谓辘车，系木制的无轮车架，制作简便，使用方便。它形状似短梯，将两根硬木平行放置，中间间隔数尺，连以横木，再在上面铺上杉木条即可。其底部呈弧形，方便在辘道上进行快速拖拉。用辘车载运，还必须修建辘道。辘道一般沿着山岭或丘陵地带的下行方向进行设计，宽度约四尺，也可以根据需要进行调整，两旁用木条作为轨道，平均每隔八寸左右铺设长度约十五寸的横木，用针木钉进行固定。运送木材的时候，只需将木材装上辘车，单人进行拖拉即可。每辆一次可以载重近一千斤。当然，如果木材运输量大，也可以制造一种更宽的双辘车，由两人合力拖运。

如此一来，不仅可以节省大量的人力，而且木材不容易受到磕碰，有利于后续的加工制造。

戴梓刚接到命令时，就当机立断将工人分成了三批。第一批是擅长伐木的工人，专门到山上伐木；第二批是铺设辘道的工人，是一些年轻力壮但伐木缺乏经验的小伙子；第三批是制造辘车的工人，挑选了一些不仅擅长伐木，还具备一定木工技艺的老师傅。戴梓带领三个小组共同作业，配合默契且高效，他对伐木虽然一窍不通，但是对机械制造却很有心得，耐心地指导工人们制作辘车。信使来的时候，伐木小组和铺设辘道的小组均已完成任务，辘车还有一部分没有制作完成。于是，戴梓下令，剩下的工人分成两批，一批使用已经造好的辘车搬运木材，另一批协助辘车组继续赶制剩余的运输工具。

在戴梓的科学指挥下，伴随着夕阳的消逝，运木工作也即将收工。当最后一位工人将辘车拉下山时，大家都振臂高呼起来，流下了激动的泪水。

晚上，当他带着木材跟着信使来到总督面前时，总督分外惊讶，这么大的桅木，之前规定的时间的确太短了，没想到不出几日，戴梓就运来了。

"木材到了，下官深怕误了时间，坏了大人的正事，所以亲自带着首级来见大人。"

"哈哈哈哈，戴先生，因是军令，我不得不如此啊！"总督抚着胡须，笑着说道。

其实，总督姚启圣确实与戴梓不和，本来想借此事加害戴梓，但如今看着这满满一车的木材，也不得不佩服戴梓的才能。他甚至为自己之前的种种行为深感惭愧，于是下令厚赏戴梓以解自己心中的不安。

戴梓对机械的研究还不止于此，在晚年流放沈阳期间，他还发明了自行车。朝鲜使臣将听闻的有关戴梓的相关内容记录在册，如是曰："有轮有轴，日可行六十里，每行十里再转机关方行，不过二三百斤，险阻及转湾抹角不能行。今其车亦不知所在矣。"不仅描述了自行车的外形、重量，还对其优缺点进行了说明。可惜朝鲜使臣只是听闻，并未见其实物。但戴梓在机械制造方面的造诣，从中已经可见一斑了。

戴梓还是一位水利专家，晚年的时候总结了许多兴修水利的经验，撰写了《治河十策》，在河道总督治理黄河、淮河的过程中，提供了许多重要的参考。

就是这样一位智勇双全的科技通才，却没能得到皇帝的足够信任与支持，也没能在其擅长的领域里发挥最大的作用。他制造的先进武器没有得到朝廷的足够重视，没有进行保护和推广，如流星划过天空，美丽绚烂，却一闪而过，再也没有了踪迹，只能在文献中找寻一点蛛丝马迹。

五、磨剑半生虚售世，著书千载枉惊人

几乎是在"威远将军"三发炮弹制敌的同时，侍卫赵某与徐日升等人，开始了一场置戴梓于死地的阴谋。

其实，早在戴梓仅用八天时间就仿制了冲天炮的时候，南怀仁就已经暗中与徐日升合谋，想要排挤戴梓，可是直到康熙二十七年南怀仁死为止，两人都没有将戴梓排挤出京城。

而徐日升和赵某两人同样也痛恨戴梓，比南怀仁有过之而无不及。

戴梓与葡萄牙人徐日升产生嫌隙，主要是在参与《律吕正义》一书的编纂过程中。两人意见有诸多地方不合，而戴梓据理力争，毫不妥协，导致与徐日升结下了仇怨。赵某则是因为嫉妒戴梓深得皇上喜爱与重用，而心生怨念。

听闻冲天炮破敌立功，侍卫赵某与徐日升等人担心朝廷会重赏戴梓，于是抢先一步，暗中散布流言，以"骑射为满人之本"为由，污蔑戴梓"私通东洋"。由于附和之人众多，在之前案件未明的情况下，又多了一条里通外国的重罪。

皇帝本就生性多疑，虽无实证，但也已经不再信任戴梓了，将其关押至大牢内严加审讯。

终于，康熙三十年（1691）二月，戴梓被削去官职，

全家被流放到辽东。一直到死，也未能再回京城。

"三月出关行，四月到辽住。住辽不逾时，又向铁岭去……"

戴梓拖家带口，一路辗转，备尝艰苦。

在戍所，戴梓靠着卖文卖画维持全家生计，笔耕不辍，日子过得非常拮据，但这并没有使他全然颓丧。他重新调整了自己的生活重心，将更多的时间放在了诗画的创作上，他还结识了许多和他有类似遭遇的流贬之人，与他们一同饮酒作诗，谈笑风生。

但要说不难过，不痛苦，那是不可能的。当他自知已经回京无望后，便决心以辽东为家，不再做还乡的打算："我老复奚望，甘心此地终。故乡岂不思，此事关苍穹。"

可以说，戴梓在流贬之后才开始成规模的诗画创作，其一生中的大部分诗作，也都是在这段艰苦的岁月里完成的。

如此悲惨的生活，连戴梓自己都不免发出感慨："磨剑半生虚售世，著书千载枉惊人。"

戴梓在自己七十大寿上作此诗句，既是对自己一生的评价，也是饱含悲愤之情的控诉。如此智勇双全之人，却沦落到这么悲惨的下场，让人怎能不痛心！

直到戴梓七十七岁的时候，他才被皇帝赦免。不久便因贫病交加溘然辞世，年七十八。

一代科技才子就这样走完了他的一生，着实让人唏嘘不已。回望戴梓的一生，确实如其所言，"有能匡社稷，无计退饥寒"，有一腔报国热情和才华，晚年却颠沛流离。流放——是戴梓一生的转折点，也是朝廷的重大损失。流放的不仅是一位诗人，一位画家，更是一位军械制造大师，一位科技天才，一位或许能改变历史进程的伟大人物。

［人物名片］

戴梓（1648—1725），字文开，清浙江钱塘（今杭州）人。三藩乱时，以布衣从康亲王杰书军，授道员。战后，得康熙皇帝召见，授侍讲。参与纂修《律吕正义》。后来遭人谗毁，谪戍关东，靠售书画文字度日。通天文算法，能自制火器。所造"连珠铳"，实为原始机关枪。著有《耕烟草堂诗钞》。

参考文献

1.金其桢、崔素英编：《中国古代的能工巧匠》，科学普及出版社，1987年，第200—204页。

2.张㧑之、沈起炜、刘德重主编：《中国历代人名大辞典》，上海古籍出版社，1999年，第2557页。

3.董玉瑛：《耕烟先生事迹》，《北方文物》1986年第4期，第86—90页。

4.王雁：《关于清代流人戴梓研究的新资料》，《文化学刊》2016年第11期，第209—212页。

第十章

贴膏药，做理疗，
得找准这位名医

外治之理即内治之理，外治之药亦即内治之药，所
异者法耳。

——吴尚先《理瀹骈文》

一、宁为良医，不为良相

"我不知道因为什么开始决定学医的，可能是因为那年考试前的一场大病，好像也不是，我记不清楚了。"吴先生躺在椅子上，像是在喃喃自语。

吴家当年也算是钱塘（今浙江杭州）有名望的官宦世家，吴先生的祖父吴锡麟，父亲吴清鹏，一位是乾隆时期的进士，一位是嘉庆时期的探花，均是满腹经纶、文采斐然之人。耳濡目染下，吴先生自然也是饱读诗书，道光十四年（1834）乡试中举，也算是学有所成了。

吴先生出生于嘉庆十一年（1806），名樽，原名安业，字尚先，又字师机。出生之时就身体虚弱，但好在有大夫悉心调理，家人呵护有加，才平安长大了。

正如因此，小时候的吴尚先就对医药不陌生，喜欢闻着中药的气味，甚至说得上几味药名。"党参、茯苓、甘草、白术……"他趴在药店的柜子上，一边用手点着药材一边慢慢地说道，稚嫩的童声引得大人们哈哈大笑，喜欢得不得了。药房的先生也特别喜爱这个孩子，常常

带着他认识药草，教授一些简单的药理知识。

当然，在大多数的时间里，吴尚先还是在书房里认认真真地念书习字。作为书香世家，父亲还是希望他能勤奋读书，有朝一日能科考得中。于是，吴尚先刚会走路，就给他请了一位当地有名的教书先生。

可他毕竟还是个孩子，贪玩是免不了的。

"你还在读书啊！西湖边的荷花都开了，还有莲蓬可以摘呢！"炎炎夏日里，小伙伴们打着莲叶，趴在书院门口，喊着他一起去湖边摘莲蓬。吴尚先好不心动，于

吴尚先

是趁着先生不注意，偷偷溜了出去。

"啊，原来雨后的西湖这么美！"雷阵雨过后，莲叶上滚动的透亮的水珠滑落下来，打在水中，漾起一圈圈的涟漪。夹杂在莲叶中的，是一朵朵浅粉色的荷花，或肆意绽放，或含苞未开，千姿百态，让人着迷。

"吴尚先，你怎么磨磨唧唧的，快来呀，这里可以摘到莲蓬！"小伙伴们大声喊着。

这一日下午，吴尚先玩得别提有多开心了，连之后会如何被父亲严厉批评，都置之脑后了。

吴尚先的童年，就是在喝着苦涩的中药，吃着甘甜的莲蓬，读着四书五经中度过的。虽然算不上无忧无虑，但也算是平安顺遂。偷溜着走遍了杭州的山山水水，看遍了西湖的一花一草，环境给予人的滋养慢慢在吴尚先的身上体现了出来。十多岁的吴尚先，除了这个年纪都有的活泼贪玩，还多了一份温润，多了一丝儒雅。不论是写诗作词，还是待人接物，都散发着与众不同的气质。

那一年，吴尚先刚中了举人，准备进京赶考。但是就这个节骨眼上，意外却发生了。

一天，吴尚先突发胸闷，汗流不止。吴府上下顿时乱成了一锅粥。

"大夫来啦！"

大夫瞧着吴尚先惨白的脸，和被汗水浸湿的枕巾，便知道这毛病来势汹汹，赶紧把了一下脉，仔细观察了好一阵子。

"大夫，我儿子情况如何呀？"

"夫人不用太担心，幸亏您发现得及时，病情还未恶化，只是令郎从小就体弱，加之现在气候多变，一时半会儿很难痊愈，得慢慢调养几月。我开一剂药，可以缓和些症状，您赶紧让人去药铺抓药吧。"

吴尚先因为这一场大病而错过了进京赶考的时间，却意外地获得了一段绝佳的独立思考时间。一日三餐过后按时服药，苦涩的中药让人反胃，一碗一碗地灌下去，身体才勉强有了些起色。稍微好些的时候，他会打一会儿操，看一会儿书，看看院子里的花，日子倒也惬意。

听闻同学已经去往京城参加会试，吴尚先心里是羡慕占三成，庆幸占七成。羡慕他们有机会学而优则仕，也庆幸自己看清了内心所愿。相比这官场，吴尚先更倾心于这种怡然自得的生活。"不为良相，则为良医"，既然做不成造福一方百姓的良相，倒不如做一位接地气的良医。这么多年来，自己早就对这些汤汤水水里的药材知晓一二，也颇有些兴趣，况且自己这命也是全靠良医救治的，不然，在这场大病前真不知道自己能不能熬过去。

"成为一名良医，救死扶伤，也是一个不错的选择。"吴尚先喃喃自语。大病初愈后，他鼓足勇气将这个决定告诉了父亲，原以为会被训斥一顿，不料父亲沉思片刻后，竟然准允了。

"你既然已经做了决定，就要自己坚持下去。明日我会去给你寻一位有经验的师父，你就跟着师父好好学医吧。"

道光二十四年（1844），吴尚先随父流寓扬州，拜师习医。

吴尚先正式开始了自己的学医之路，近于不惑之年，却毅然踏入一个全新的领域，不得不说需要巨大的勇气。这一场"不合时宜"的大病就如同火箭的助推器，将吴尚先暗藏在心中多年的愿望"助推"了一把，才使他得以"一飞冲天"。从此，历史上可能少了一位榜眼或探花，却多了一位载入史册的名医。

二、简、便、廉，真有这么好的药？

天色微明，吴尚先就匆匆来到了师父的医馆。洒水、扫地、擦桌……全都赶在师父来之前做好了。天色渐亮后，便跟着师父认识药材、学习药理，有时候碰到师父出诊，也会提着药箱跟在师父身后。

晚上回到家中，吴尚先会读一些感兴趣的医学书补充知识，还会将白天师父所说的诊治要点在脑海中回忆一遍，有不明白的地方就随手记录下来，第二日再向师父请教。

就这样，吴尚先十年如一日地虚心学习，医术也日益精进，有时候也可以独自出诊了。但他仍旧保有初心，每次问诊回来，都会对病人做详细的记录，比如哪里不舒服，既往病史，这次开了什么方子，等等，都一一记下，从不懈怠。

原以为日子会就这样风平浪静地度过，没想到太平天国运动爆发了。为了躲避战乱，吴尚先被迫和胞弟吴官业带着老母亲逃到江苏泰州乡下。

在此之前，吴尚先多数时间都生活在繁华都市中，对乡村生活几乎是一无所知。一路走着，一路看着，乡里的老百姓都在为生计奔波劳作，男子在田间种地，女子在林间摘果，腿脚不便的也要在家里织布做衣、洗碗烧饭，没有什么闲人。

吴尚先照例做起了医生，可是大家对这位陌生人并不熟悉，上门看病的人寥寥无几。一日，一位老人拄着拐杖走了进来，头发花白，看着约摸六十岁。

"老伯，快请坐，您是哪里不舒服？"

"咳，老毛病咯，一到冬天就腿疼，这几年连着胳膊也疼了起来，实在是受不住啊！以前也看过大夫，喝过一些汤药，可就没啥子用啊！"

吴尚先一边耐心地听着，一边让老伯把裤腿、衣袖卷了起来。消瘦的身体让本来就比常人大一些的关节变得更加显眼。接着，吴尚先观察了一下老伯的双手和双脚，发现左边脚趾的关节有五六处已经变形，双手的指关节也有些轻微肿胀。最后又问了下往年身体状况，以及曾经服用的药物，吴尚先判断老伯是得了风湿病。

在江南地区，风湿病是很常见的。阴冷、潮湿，加上身体底子差，就很容易发作，而且这个毛病反反复复，很难根治。年纪越大，关节会越来越不灵活，不仅没法干活，严重的甚至连生活都难以自理，老百姓都深受其苦。

"老伯，我给您开了点药，您先回去煎着喝，您的病会慢慢好起来的。"

"谢谢大夫啊！我这几日肚子不太舒服，喝药怕是受不住的，我先拿回去，过几天肚子好点了就喝。"

看着老伯穿着破烂的草鞋一瘸一拐地远去的背影，吴尚先一阵心酸，除了喝药，有没有什么别的好办法可以缓解病痛？

"汤药难以下咽，不如试试膏药？"吴尚先想起了自己曾经读过的一本医书《外科正宗》，里面有介绍一些病可以用外敷加内服方药的方式来治疗。于是，他开始着手研究膏药的治病原理和制作方法，想要尽快帮助这位老伯缓解病痛。

膏药虽是外敷，但其本质与内服并无差别，均是以中医理论基础为指导的。不同的是，贴膏药是使药物通过肌肤和孔窍深入腠理、脏腑作用于全身，取得与内服同样的治疗效果，所以需要格外注意敷贴的部位、使用的时长、使用的频率等。外敷膏药与内服汤药一样，也格外注重药材的煎制。

吴尚先一头扎进了他的"制药实验室"，从医书的字里行间寻找制药的秘诀，加上自己的多次试验，终于渐入佳境，总结出一套制作膏药的好方法。

首先将药材放进锅中，用香油将其浸润后用烈火熬制，这样一来，刚燥的药物经过浸熬就变得滋润，有毒的药物经过浸熬就消除了毒性。在放置药材的时候，需要审察药物的不同性质，从而决定先下还是后下，并根据当日的天气情况，注意熬制的时间，把膏药熬得或老或嫩。熬制结束后，用纱布过滤干净，然后将膏药轻轻搅拌均匀。接着，准备好一盆冷水，用来浸泡熬成的膏药，以去火毒。紧接着隔着热水蒸烊膏药，后用瓦盆盛放。最后，待膏药全部冷却后，将其均匀地铺开在布上。在阳光照射下，膏药显得乌黑发亮，又像乌米饭一样软糯，便大功告成了！

治疗风湿病的膏药终于制成了，吴尚先亲自去寻到了那位老伯。老伯一见是大夫来了，忙放下手中的柴火出门迎接。

"大夫，您怎么来了？"

"上次您说喝不进汤药，我想到了一个好方法，"吴尚先从包里拿出了一张膏药贴，递给老伯，"老伯，您试试这贴膏药，晚上贴上，十二个时辰之后取下就行。"

"啊，是膏药啊，这个好！这个方便啊！可是这管用吗？就一张够用吗？"老伯双手颤颤巍巍地接过膏药。

"老伯，您试试！不管用再来找我，我免费给您治疗！您放心用，一张用完过两日再来取第二张，得根据您的情况熬药制药贴的！"

老伯有点将信将疑，但是送上门的药试一试也是可以的。

其实吴尚先心里也没有多少谱，虽说参考了许多经典医书，请教了些老中医，也研制了很多次，但终究是第一次尝试膏药治疗，心里不免有些忐忑。

过了几日，一个大清早，老伯就带着妻子来到了吴尚先的医馆。老伯满面笑容，一看就知道有好消息了。刚坐下，老伯便开始夸赞说这贴膏药实在是太好用了，疼痛缓解了不少，而且一点也不妨碍干活，也不用忍受中药的苦味，他一开始居然不相信大夫，真是愚笨！还说希望能继续用膏药治疗，顺便也给妻子看看病。

就这样，一贴、两贴、三贴，待到第四贴用完，老伯居然可以不用拐杖走路了！实在是太神奇了！

这个消息一传十、十传百，一日的功夫，村里的父老乡亲全都知道了吴尚先，知道了原来贴膏药也能治病。一时间，看病的人踏破了吴尚先医馆的门槛，大家争先恐后地想要吴尚先帮忙诊治。

吴尚先自然是欣喜万分，没想到这小小的一贴膏药真能有效。虽然前期制作工艺复杂，但是病人使用起来简单、方便，不会耽误干农活，而且平均下来一贴膏药的价格也便宜，贫苦的老百姓也能承受得起，若是实在支付不起，吴尚先也会免费给百姓治疗。一言以概之，只要病人满意，做医生的再苦再累也是值得的！

三、外治PK内服，花落谁家？

其实贴膏药并不是什么新发明，早在《黄帝内经》中就有记载，用桂心浸酒以熨寒痹，讲的就是将桂心浸润于酒中，而后涂抹于中风的部位来驱寒。贴膏药其实是属于外治的一种手段，外治另有针灸、火灸等，甚至还有外科手术。可惜自华佗之后再无人能开展系统的外科手术，甚至连针灸、火灸都遭到排斥，许多医生只会诊脉开方，对这些外治之术已经全然不会了。

好在还有些书籍记载，还有些乡间的赤脚医生仍旧掌握这些技术。吴尚先利用这些仅有的资料，一边研究，一边应用于平时诊治中，将理论与实践紧密地结合起来。

当熬制药材的锅子染上了一层又一层药渍，十几个锅底都彻彻底底地变成一团乌黑，当双手一伸出来就能闻到淡淡的中药味时，吴尚先的膏药制作手艺已经炉火纯青了。他还将膏药一分为二，做了进一步的区分。以熬而摊贴的称为膏，研而糁于膏中或者敷于膏外的称为药。膏是几乎不变的，药则往往随症状加减、灵活多变，有的需要剖开药丸去调和，有的需要油煎之后搅拌，有的需要加入适量锭剂（凝固剂），有的需要研磨成粉……其中的学问可多了！想要弄明白这些，没有十多年扎实的医学功底和经年累月的实践经验，绝非易事！

熬制的膏药多了，治好的病人也多了，吴尚先对"外治"之法也越来越有兴趣。他不再满足于研制膏药，逐渐向"外治"的其他领域进军。

"外治法，针灸最古。"针灸与膏药方法虽然不同，但道理是相通的。小小的一根银针，找准穴位，快速地刺入，再配合捻、提等手法，便能起到打通经络气血，调和脏腑阴阳的作用。

此外，吴尚先还在前人的基础上进行了开拓创新，总结了一些外治方法：

温热疗法：包括围罐发汗、煅炕出汗、熨斗、热砂熨、瓶熨、热瓶吸、火熏等多种方法；

蜡疗法：即将黄蜡加热敷在患者病处；

泥疗法：即将干净的黄泥调水敷在患者病处，黄土也具有一定的治疗效果，可以取井水调制冷敷，也可以加热熨之进行热敷；

水疗法：包括水浴疗、水榻暖疗、热水熏蒸疗、冷水疗等；

发泡疗法：将蒜捣碎敷在患处，使其局部皮肤自然充血、潮红或起疱，从而达到治疗效果。

见吴尚先每日沉迷于研制外治之法不可自拔，胞弟吴官业终于按捺不住，轻声问道："哥，我看这几年里你一直在研究外治之法，病人的治疗效果也都不错，是不是外治之法比内治之法更胜一筹呢？"

"这个问题，其实我也想了很久。"吴尚先一边煎着药，一边说道，"我也曾经一度以为，外治法要比内治法更有效果，病人不用忍受喝药的痛苦，治疗起来也更加方便、安全。"

"是啊，而且效果也不错！"弟弟附和道。

"但其实啊，外治与内治两者是一脉相承的，都源自我们古老的中医理论，它们的医理药性并没有什么区别，对同一个病人，既可以内服汤药，也可以外贴膏药，疾病都可以治愈，是殊途同归的。"

"这个确实，我看之前的老伯生了风湿，用的膏药也是可以内服的呢！"

"嗯，你观察得很仔细，是这么个道理。而且这两者是可以互相补充、相得益彰的。胃疼的人喝不了药，小孩子吵闹喂不进药，可以用外治的方法加以补充。若是有人贴了膏药见效缓慢，也可以开张方子喝药治疗。这两者同出一脉，互相补充，绝没有孰优孰劣之说啊！"

听完吴尚先这番话，弟弟恍然大悟，对哥哥也更加佩服了。

在这处宁静的小乡村里，日子一天一天地过着，转眼已过去十多年了。吴尚先倒也过惯了这种自给自足的小日子，工作之余种种地，养养花，喝点酒，唱个曲，也是逍遥自在。

这一日，隔壁镇上一位颇有名望的大户人家派人来请吴大夫，车马已备，十万火急。一听是要给人治病，吴尚先立马从椅子上站了起来，二话不说就走了。

还未进门，便听到断断续续的咳嗽声，急促又剧烈。只见病榻上躺着一位老人，面容憔悴，眼神痛苦。"先辨证，次论治"，吴尚先立即开始了辨证的工作，他首先收集了病人的四诊资料，即通过"望、闻、问、切"进行初步的诊断，基本判断病人是伤寒之症，病情缠绵，持久不愈。好在病灶还未蔓延，并不难治。

吴尚先根据自己总结的"三焦分治"的理论，判断此人是"上焦"出现了问题。于是，他不紧不慢地从药箱中取出了一些药，慢慢研磨成粉，用纸轻轻卷起，放在了病人的鼻子边上。随着病人的呼吸，药粉作用于鼻腔，"阿嚏——"病人一连打了十几个喷嚏，涕、泪、痰一并全出。

"唉，感觉好多了啊！身体也轻松一些了！"老人长舒一口气，握着吴尚先的手感叹道。

见此情景，一旁的亲人也终于如释重负，对吴大夫千恩万谢。

回去的路上，弟子在一旁欲言又止。吴尚先敏锐地察觉到了异样，轻声问道："怎么不说话了？"

"师父，您刚才就让病人闻了些药粉，打了些喷嚏，就比病人喝了半月的药还管用，到底是什么原理呢？弟子实在不解。"

"问得好啊！这其实是我多年行医下来总结的一套理论，我称它为'三焦分治'理论。其实也不难理解，万变不离其宗，只要学好中医理论，加上平时注意观察总结，就能归纳出来。我将人体划分成上、中、下三个部分。头至胸为上焦，胸至脐为中焦，脐至足为下焦。今天这位老人就属于'上焦'之病。"

"我想起来了，师父您说过，肺主上焦，开窍于鼻，嚏治，可以散上焦之雾，治表。"

"没错，上焦主要是心、肺出现问题，多因邪气从外入侵而尚未深入体表，心、肺均在高处，采用药物细末搐鼻取嚏，故一嚏法实兼汗、吐二法，使得轻清之邪因势利导从鼻发散而出。"

"原来如此，弟子明白了。"

回到家中时，天色已晚，吴尚先顾不得吃饭，就匆忙来到书房，打开放在书桌一角的本子，在"三焦分治"一栏认真地添了一笔：

> 连嚏数十次，则腠理自松，即解肌，涕泪痰涎并出，胸中闷恶亦宽。

这本书稿已经断断续续地写了不少年了，涂涂改改，增增补补，每一页都有密密麻麻的修改痕迹。由于增改的地方太多，每隔一段时间，吴尚先还会将书稿重新誊抄一份，然后再在新的书稿上进行完善。

吴尚先放下笔，等待墨迹凝固。这已经是第十版书稿了，看着被墨汁反复浸透的纸张有微微的褶皱，脸上露出了欣喜的笑容，他寻思着，得为这本书稿取个好名字。

这样一想，他突然想到那些达官贵人平日里对自己的不屑，那些所谓的"名医"对"外治"的偏见，只有久病未愈之时才会向自己讨要方子。他也想起了患者紧张的神色，期盼的目光，他想为"外治法"正名，为"膏药"著书！

《子华子》中云："医者理也，理者意也。药者瀹也，瀹者养也。"取"理"和"瀹"甚妙，既能说明此书为医药书籍，涵盖"医""药"两方面，又含蓄婉转，充满诗意。

吴尚先到底是从小便读书习字，有良好的文学素养，能写得一手好文章。骈文对仗工整、声律铿锵，便于学者朗读记诵。所以，以医药知识为内核，以骈文形式为载体，取名为《理瀹骈文》再合适不过了！

题目已定，书稿既出。年近花甲的吴尚先将书稿再次整理完善，终于在同治三年（1864）刊行于世。全书共一卷，既阐明了外治与内治之间的关系，又详细叙述了以膏药为主的众多外治方法及药方，议论透彻，深入浅出。

研究外治之法数十载，易稿十余次，这本中医史上第一部外治专著，实在是来之不易！其胞弟也被兄长十余年如一日的坚持而感动，亲自为此书作序：

> 而吾兄则自晨起，以次呼立于几案前，令自述病因，侧耳听之，若宜补，若宜泻，若宜凉，而宜温，略一视颜色，指其部位，分别散给。有重症、急症，膏外加以药，不半日而毕。自来医未有如此之捷简者，月治数千人。

用现在的语言翻译，大概意思就是："我的兄长从早上起来就开始工作，外面的病人排着队，挨个叫到桌前，请他们自己讲述自己的病情，他则认真地倾听，适合进补还是排毒，适合凉的还是温的，只要稍稍观察病患的脸色，指出患病的部位，就可以取相应的膏分给患者。重症和急症的病人，膏外再加一些药物。不到半日，就

《理瀹骈文》

可以把病人全部看完。我从未见过看病如此高效的医生，一个月就能医治数千人。"

字字真诚，仿佛此等良医近在眼前，让人钦佩不已。

此书一出版，吴尚先的名气更大了，左邻右舍都跑来道贺，他却只是摆摆手，笑呵呵的，没有一点架子，还是一如既往地煎药、问诊、换药、回访……

这处"穷乡辟地"倒是被他过成了"世外桃源"，远离战火纷争，独享一份清净自在。吴尚先本来打算一直在这里住下去的，直到远处有消息传来——战事结束了。

五、快去，请存济药局的吴大夫过来瞧一瞧

这一晚，吴尚先久久未能入眠，他决定离开此地，回到扬州去。这个决定很突然，却又仿佛经过了深思熟虑。

同治四年（1865），吴尚先在扬州城集资创设了存济药局。药局开业的第一天，门庭若市，远近各地的乡民都想一睹这位外治良医的真容，也想瞧一瞧这家新开的药局。

药局坐落在一座陈旧的庙宇内，房子不大，但干净整洁。一共有三间屋子，进门右拐的第一间屋子是专门用于制作膏药的，这会儿正熬着新鲜的药材，中药味弥漫开来，雾气腾腾，仿佛人间仙境。靠里边点的一间屋子是用于坐诊的，开着窗户，窗户外搭着荫棚，透气凉爽。外边的一间屋子是用来接待和办公的，有几个伙计正在整理账簿，接待病患，一切都井然有序。

随着药局的正式营业，吴尚先的事业进入了又一个小高峰，他俨然成为一位既懂经营，善管理，又心系普通百姓的创业者。他一边为乡民们治疗疾病，一边筹措善款资助贫苦人家，免费给他们诊断治疗，并且还建立了免费的学堂，教乡民们识字习文。

似曾相识的地方，上演着似曾相识的故事。人们从四面八方赶来，一大清早就在药局门口守着，或蹲着小憩，或站着啃馒头充饥，或靠人搀扶着，也有的在痛苦地呻吟，在悲伤地哭泣，在着急地呼喊。过了几个时辰，人渐渐少了下去。

药局显然比医馆还要有影响力，渐渐地，吴尚先的医术和医德远近闻名。

不仅普通百姓对吴大夫尊敬有加，连那些达官贵人、富家子弟，也都对他高看一眼，每每要请吴大夫看病，也都客客气气，派人备好马车，送病人去药局门前等候。

"快去，请存济药局的吴大夫过来瞧一瞧！"

万不得已之时，才会听到有人大声疾呼，烦请吴大夫出诊。因为大家都知道，吴大夫时间宝贵，加上年纪也大了，奔波劳碌实在太过辛苦。

吴尚先自己却不以为然，他依旧保持年轻时候的生活习惯，给人看病医治也从不落下一天，空闲的时候还会种地种花，自给自足，他始终相信"生命在于运动，勤劳才是延年益寿的秘诀"。除此之外，他也很爱干净，把自己收拾得干净得体。他也很爱和人闲聊，跟左邻右舍分享一些简单的养生小常识。

他常常笑嘻嘻地对人说："你这病不用治，你就跟我一样，早上多洗洗脸，多梳梳头！没事就出来走走路，聊聊天，要是还有点小钱，那就去听听曲儿，这日子过得舒心，病自然就没啦！"

开始，人们还以为这老头讲着玩。久而久之，发现还真有点道理。中医讲究经络气血，人体的十二经脉气血皆经过头部和脸部，洗脸可以促进气血调和，三条阴经都经过脚趾，热水洗脚就可以疏通下肢血脉。同样的道理，适度的刷牙、梳头，都是有益处的。

而许多疾病都是因为情绪紧张、忧虑所致，也就是中医所说的"七情不舒"，那自然是要多多放松心情了。

"人老了！走不动路怎么办？拄拐杖不就行了？看不见东西怎么办？这不是有放大镜吗？办法总是有的！不要担心啦！"

就这样，吴尚先拿自己开玩笑，也宽解了旁人，把晚年生活过得既潇洒又快活！像一个老顽童，总能给人带来欢声笑语，让人好不喜欢。

近而立之年，从文转医，终成一代外治名医。靠的不是天赋，而是自己的勤思苦练；靠的不是机遇，而是对百姓疾苦的细心观察；靠的不是运气，而是几十年如一日的坚持。

从发现"内治存在的不足"到"找到外治的方法"可能并不难，但是若要钻研"外治之学"就绝非易事了，"天道酬勤"就是吴尚先一生最好的注脚。"一人生死，关系一家，倘有失手，悔恨何及？"视病患如亲人，有责任有担当，有技术有能力，怎能不被百姓赞美？"悬壶济世"便是对吴尚先最好的肯定。

[人物名片]

吴尚先（约1806—1886），名樽，又名安业，字师机，晚号潜玉居士、潜玉老人，清浙江钱塘（今杭州）人。清代医学家，因提出"外治法"而被后世誉为"外治之宗"。创用内病外治法，以膏药、熏洗等法治疗内、外、妇、儿等科疾病。著有《理瀹骈文》，又名《外治医说》，是中国医学史上第一部外治专著，对中医外治法进行了系统整理和理论探索，详细论述了膏药的治病机理，指出膏药的配制方法和应用方法，影响深远。

参考文献

1. 吴尚先：《理瀹骈文 外治医说》，步如一等校注，中国中医药出版社，1995年。

2. 杨文儒、李宝华编著：《中国历代名医评介》，陕西科学技术出版社，1980年，第183—188页。

3. 上海中医学院医古文教研组编：《古代医学文选》，上海科学技术出版社，1980年，第246—252页。

4. 姜振寰主编：《世界科技人名辞典》，广东教育出版社，2001年，第1028页。

5. 黄枢：《古树新芽——中医外治的兴起》，中华中医药学会《2013年中医外治贴剂学术研讨会论文集》，2013年，第8—10页。

6. 谢克庆：《吴尚先胞弟作序〈理瀹骈文〉》，中华中医药学会《第七届中华中医药学会中医外治学术年会论文汇编》，2011年，第32—36页。

7. 唐承安：《从〈理瀹骈文〉看吴尚先的制方用药》，《湖南中医学院学报》1993年第1期，第4—6页。

8. 齐潇丽、白彦萍：《吴尚先中医外治法学术思想探析》，《北京中医药》2017年第36卷第1期，第69—70页。